Mirko Rizzotto

Giulio Cesare e Vladimir Putin.
Due vite a confronto

pe

Primiceri Editore

Finito di stampare nel mese di ottobre 2022
presso Rotomail Italia Spa – Vignate (MI)
per conto di Primiceri Editore Srls
Via Savonarola 217, 35137 Padova
Prima Edizione
ISBN 978-88-3300-302-3
www.primicerieditore.it
Illustrazione di copertina: © Ivan Zoni 2022

Premessa

Nel 1999, replicando ad un gruppo di liceali che gli rinfacciavano la sua entusiastica e giovanile adesione al Fascismo e alla guerra di Etiopia, Indro Montanelli sottolineò che essi avrebbero dovuto evitare di giudicare con tanta supponenza i pensieri e le azioni di chi visse ed agì in un mondo completamente diverso dal loro: «Fra le tante, tantissime cose che dovete ancora imparare, e che i vostri insegnanti dovrebbero sin d'ora spiegarvi, è che non si può commettere errore più grosso e più presuntuoso del giudicare i pensieri e le gesta di coloro che avevano la vostra età o poco più settant'anni or sono, cioè che operarono in un mondo che non somiglia nemmeno di lontano a quello in cui voi siete nati e vivete (...). Comunque, ricordatevelo: per giudicare degli uomini, bisogna essere uomini. Mi auguro che lo diventiate».[1]

L'osservazione diventa di stringente attualità allorché ci soffermiamo sull'impressionante (e, consentitemelo) disgustosa serie di monumenti distrutti in nome della cosiddetta "cancel culture", che proietta sul passato i vizi ed i difetti, nonché i rigidissimi, inflessibili e sovente discutibili parametri morali dell'età nostra.

Ripercorrere questi ultimi eventi rischia di divenire una sequela di tristissimi fatti di cronaca: le statue di Cristoforo Colombo a New York, Baltimora, Houston, Lancaster, Detroit decapitate o abbattute, il monumento equestre del generale Robert Lee rimosso dal suo secolare piedestallo, la lapide di Carlo Marx presa a martellate nel cimitero di Highgate, a Londra, la statua di Indro Montanelli, situata negli omonimi giardini milanesi, imbrattata con vernice rossa e con scritte offensive, le

---

[1] La citazione è presa da P. DI PAOLO, *Montanelli. Vita inquieta di un anti-monumento*, Mondadori, Milano 2021, p. 19.

statue di Cesare e di Augusto in Belgio[2] e a San Pietroburgo barbaramente vandalizzate... sono episodi che fanno male all'animo dei veri ed autentici cultori del passato e dell'arte, e che non si discostano poi molto – se non per pretestuose scuse – ai moventi dei distruttori dei monumenti antichi per eccellenza, i miliziani dell'ISIS.

Particolarmente degno di attenzione è l'accanimento di chi si è rivolto contro le effigi ed i monumenti dedicati a Giulio Cesare: il motivo del contendere (sempre che una persona sana di mente possa mai contendere con un pezzo di marmo o di metallo...) è sicuramente la Guerra Gallica: il "libro nero" di tale conquista, tratteggiato già in antico da autori come Plinio il Vecchio e da personaggi storici anticesariani come Catone l'Uticense è assai esplicito: trattasi di un "libro" segnato da massacri, atrocità, violenze, mutilazioni, genocidi... Tutto vero, verissimo, però è da tale conquista che nasce la protostoria moderna di "Europa", ed in cui, nel bene e nel male, sono gettate le fondamenta del mondo in cui viviamo noi tutti, compresi i forse non troppo colti autori di tali prodezze vandaliche. Ed è con tali eventi che bisogna confrontarsi, evitando di proiettare anacronisticamente nel passato il nostro moderno sentire, emettendo giudizi e sentenze del tutto gratuiti e fuori contesto.

Sempre di più – e sovente a sproposito o con alle spalle un bagaglio di conoscenze decisamente inadeguato – sul web, in televisione e sulla carta stampata, viene proposto un accostamento tra le due figure di Caio Giulio Cesare, Dittatore Perpetuo della Repubblica Romana e di Vladimir Vladimirovič Putin, Presidente della Federazione Russa. Fare confronti storici è più che legittimo, ma è necessario farli con criterio. Non basta, a colpo d'occhio, riconoscere l'innegabile somiglianza fisica tra i due ed il carattere volitivo e deciso, bisogna individuarne le

---

[2]Per la precisione a Zottgem, nelle Fiandre orientali. Alla base della statua è stata scarabocchiata la parola "krapuul" (truffatore) e la lancia che Cesare teneva in mano è stata strappata via.

affinità e le diversità, saperne paragonare le vicende biografiche e scoprire come risposero a sfide simili. Solo in tal modo potremmo accostare le due figure ed esprimere un giudizio di merito al riguardo.

Ma se Cesare è lontano nel tempo e intorno ad esso corriamo "solamente" il rischio di dipingerlo secondo colori che non gli appartengono e che sono piuttosto i nostri, con Putin si va incontro ad altri rischi: troppo contemporaneo, troppo coinvolto nelle cronache quotidiane per potersi esprimere su di lui obiettivamente, *sine ira ac studio*, come diceva Tacito.

Luciano Canfora[3] fa giustamente notare che molti, alla domanda se si possa fare o meno la storia di un evento recente, rispondono negativamente, adducendo come spiegazione che, se trascorre molto tempo, è più facile accertare la "verità", ed inoltre la storia recentissima e contemporanea sarebbe una materia rischiosa e scivolosa, inadatta al lavoro dello storico di professione. Ma quest'ultima è un'idea che non rispecchia il senso comune passato: per gli Antichi – in primo luogo Tucidide, ma anche Eforo di Cuma – era un vanto poter narrare eventi di cui si era stati testimoni oculari, ma l'avvento dell'età moderna e la creazione di archivi di Stato postula un'idea di "scrematura", di decantazione degli eventi, che devono venire riletti e consultati solo a distanza di tempo e con una smaccata presa di distanza temporale.

Va da sé che questa visione non ci vede del tutto d'accordo, ed in fondo è questa la ragione d'essere di un tale confronto: sia Cesare che Putin fanno parte della Storia e come tali vanno raccontati, con tutte le loro luci ed ombre.

---

[3] L. CANFORA, *Noi e gli antichi*, Rizzoli, Milano 2021[9], pp. 5-7.

I
Una giovinezza nei bassifondi

Le imprese straordinarie si devono fare, non concepire.

(Giulio Cesare, in Plutarco, *Apoftegmi di re e di generali*, 206C)

La strada a Leningrado, cinquant'anni fa, mi ha insegnato una lezione: se la rissa è inevitabile, colpisci per primo.

(Vladimir Putin, Soči, 22 ottobre 2015)

Sebbene l'estrazione sociale di Cesare e quella di Putin fossero molto diverse (nato da un'antichissima e nobilissima famiglia dell'aristocrazia romana il primo, figlio di umili ma laboriosi popolani il secondo), un elemento accomuna le loro infanzia: essere cresciuti nei bassifondi di una grande città.

Gaio Giulio Cesare nacque in una calda giornata dell'estate romana, il 13 luglio del 101 a.C., nel popolare quartiere della Suburra, incassato fra i verdi ma afosi ed umidi colli dell'Urbe[4]. La Suburra non era propriamente una zona adatta all'aristocrazia, a cui comunque la famiglia dei Giulii apparteneva: situata tra le pendici del Quirinale e del Viminale ed estesa sino alle propaggini dell'Esquilino, il gregge umano che la popolava era costituito dal sottoproletariato urbano che viveva in condizioni al limite della miseria più nera, sebbene si

---

[4] Il giorno 4 delle Idi del mese di Quintile, secondo NAPOLEONE III, *Storia di Giulio Cesare*, II, Aequa, Roma 1937, pp. 3-4, mese che fu poi chiamato in suo onore *Julius* (luglio), nome che porta tuttora; sulla *querelle* sorta intorno all'esatto anno di nascita di Cesare si veda T. MOMMSEN, *Storia di Roma*, VI, pp. 283-284, n. 1. Io penso che l'ipotesi di J. CARCOPINO, *Profili di conquistatori*, Fògola Editore, Torino 1978, pp. 193-218, riguardante il 12-13 luglio del 101 a.C. sia quella più ben argomentata, ed è in effetti quella che abbiamo adottato.

affacciasse su un'area monumentale, tanto che il termine *suburra* ha ancora, nel linguaggio corrente, il significato generico di luogo malfamato, teatro di crimini, sudiciume, ristrettezze ed immoralità.

La *gens* cui apparteneva Cesare, tuttavia, viveva in un'ampia e comoda residenza aristocratica, con cortile interno, fontane rinfrescanti, giardini abbelliti da fiori, piante aromatiche, dipinti murali e statue, ed era dotata di un numeroso personale addetto al suo mantenimento. Che la famiglia dei Giulii, che pure vantava origini antichissime (si parlava addirittura come capostipite di Ascanio Iulo, figlio di Enea, rampollo della dea Venere, l'eroe fuggito da Troia in fiamme), fosse costretta a vivere, pur con tutti i comfort, in quartiere così abbietto e degradato, era un eloquente indice di quanto essa fosse decaduta e tagliata fuori dai giuochi di potere delle famiglie più nobili e potenti della Città Eterna[5].

Sul ramo dei Giulii che portava il *cognomen* (qualcosa di simile al nostro soprannome) di Caesar si sono fatte, fin dall'età antica, molte congetture: stando a Plinio il Vecchio esso sarebbe stato dovuto ad un avo venuto alla luce in seguito a un taglio cesareo (dal latino caesus, vale a dire, appunto, "taglio"): «I bambini le cui madri morivano dando loro la luce nascevano con i migliori auspici: è così che nacquero Scipione l'Africano Maggiore e il primo dei Cesari, che prese questo nome per l'operazione di parto cesareo a cui fu sottoposta a madre (*Storia Naturale*, VII)».

Stando invece ad Elio Sparziano, uno degli autori (o supposti tali) di quella celebre raccolta di biografie imperiali tardoantica conosciuta come *Storia Augusta*, esistono altre spiegazioni per motivare l'origine del nome: pare infatti che il primo Cesare avesse ucciso un elefante (*caesai* nell'idioma dei Berberi del Nordafrica) nel corso di una battaglia durante la Prima Guerra Punica (264-241 a.C.) oppure ancora perché nato

---

[5] E. HORST, *Cesare*, Rizzoli, Milano 1982, pp. 9-11.

con una folta capigliatura (dal latino *caesaries*), o infine perché dotato di occhi di colore celeste particolarmente vivo (*oculis caesiis*).

Le congetture cui ha dato luogo il nome di Cesare, l'unico di cui il principe del quale racconto la vita si sia mai fregiato, mi sembrano degne di essere riferite. Secondo l'opinione dei più dotti e informati, la parola deriva dal fatto che il primo dei Cesari fu chiamato così per aver ucciso in combattimento un elefante, animale chiamato *kaesa* dai Mauri; altra opinione è che il termine derivi dal fatto che, per darlo a luce, fu necessario sottoporre la madre, che era morta prima di partorire, a un'operazione di parto cesareo. Si crede anche che la parola possa derivare dal fatto che il primo dei Cesari nacque con i capelli lunghi o dal fatto che aveva degli occhi celesti incredibilmente vispi. Bisogna comunque considerare felice la circostanza, quale che fu, che diede origine a un nome tanto famoso, che durerà in eterno (Elio Sparziano, *Storia Augusta*, II, 3).

Il padre del Nostro, anch'egli chiamato Caio Giulio Cesare, era un uomo tranquillo e privo di grandi ambizioni, che difatti non raggiunse mai l'apice della carriera prevista dal *cursus honorum* (la carriera politica) dei cittadini romani, limitandosi a rivestire al massimo la pretura – il pretore era considerato un collega minor dei consoli – nel 92 a.C. Per quanto nobile e antica, la sua famiglia era economicamente decaduta, tanto che, per risollevare le proprie sorti, dovette legarsi per via matrimoniale ad un facoltoso homo novus (un parvenu, insomma) come Caio Mario.

La madre di Cesare, Aurelia Cotta, era nata a Roma intorno al 120 a.C. Figlia del console Lucio Aurelio Cotta e della nobile matrona Rutilia, faceva parte di una delle famiglie più influenti della Repubblica. Era una nobildonna energica ma affettuosa nei confronti del suo unico figlio maschio, che sostenne fino all'età adulta, e di cui egli cercava sempre il sostegno e il parere. Da Cesare Senior ebbe tre figli, due femmine, chiamate entrambe Giulia, ed un maschio, il futuro Caio Giulio Cesare, che ereditò lo stesso nome del padre.

Ma com'era il quartiere in cui nacque e si formò il giovanissimo Cesare?

La Suburra, o Subura, era un vasto e popoloso quartiere di Roma, che corrisponde all'attuale Quartiere Monti, a ridosso dei Fori Imperiali, non lontano dalla stazione ferroviaria Termini e dal Quirinale. Era situato anticamente a sud del *Murus Terreus* alle Carine, che si estendeva sulle pendici dei colli Quirinale e Viminale fino alle propaggini dell'Esquilino (Oppio, Cispio e Fagutal).

In origine aveva fatto parte del cosiddetto *Septimontium*, un'area della città associata a una processione religiosa che si festeggiava l'11 gennaio di ogni anno fin dal regno di Numa Pompilio.

Di tutti i quartieri popolari di Roma, Suburra era il più malfamato ed il più pericoloso: qui si trovavano le bettole più malfamate, rifugio di prostitute, ladri, tagliagole prezzolati ed ogni genere di fuorilegge. Dopo il tramonto, camminare tra le sue strade era una sfida al destino: i delitti erano all'ordine del giorno e chi era costretto ad attraversare il quartiere lo faceva scortato da schiavi armati e muniti di fiaccole.

Anche per questo, e per proteggersi dai ripetuti incendi della Suburra, i ricchi romani al potere si erano limitati a far erigere un muro attorno al quartiere, ottenendo l'effetto di accentuare il dislivello tra Roma e Suburra, la cui etimologia - secondo alcuni - rimanderebbe proprio alla posizione "sub urbe", cioè più bassa rispetto a quella della città.

Dopo la nascita, secondo il rituale di prassi, il neonato venne affidato alla levatrice, che lo lavò dal liquido amniotico e lo depose a terra – presumibilmente protetto da una coperta – davanti ai piedi del padre, affinché potesse sollevarlo e, con tal gesto, riconoscerlo pubblicamente quale nuovo membro della *gens*. Cesare il Vecchio sollevò con delicatezza e di buon grado quel neonatino che rappresentava tutta la speranza del suo casato e lo levò al cielo, non senza esibire un qual certo orgoglio di *paterfamilias*; i parenti offrirono agli dèi protettori dei doni simbolici, e nella casa si respirò un'atmosfera festosa che contagiò anche gli schiavi, lieti dell'evento.

Trascorsi nove giorni, in quella che veniva considerata la giornata dedicata alla purificazione, il bimbo ricevette solennemente il suo nome ufficiale, che in questo caso replicava, come ci si poteva facilmente aspettare, quello del padre, ovvero Caio Giulio Cesare. Gli venne appesa al collo una bulla, cioè un amuleto (forse d'oro) che avrebbe dovuto proteggerlo dagli influssi nefasti del malocchio; nell'antica Roma la mortalità infantile era molto elevata, ed in tal modo si sperava di esorcizzare una cattiva sorte[6].

La famiglia di Cesare curò la sua istruzione con molta scrupolosità, come si conveniva ad un membro dell'aristocrazia, assoldando come maestro – allorché il giovane rampollo compì dieci anni – il celebre e rinomato *grammaticus* Marco Antonio Gnifone[7]. Era costui originario della Gallia, abbandonato dai veri genitori alla nascita ed allevato come schiavo dal nobile Marco Antonio, che lo liberò poi con la cerimonia della *manumissio*, cosa che gli permise di sfoggiare i nomi del suo ex padrone. Gnifone studiò ad Alessandria d'Egitto alla scuola di Dionisio Scitobrachione ("Braccio di Cuoio"), erudito grammatico di Mitilene, che inculcò in lui il gusto e la passione per la mitologia greca[8].

Da Gnifone, nel corso dei tre anni in cui il maestro si recò quotidianamente a casa dei Giulii, Cesare apprese il gusto per il romanzesco, l'attrazione per meraviglioso e per i testi in cui predominavano le varianti avventurose e fantastiche dei miti

---

[6] E. HORST, *Cesare*, Rizzoli, Milano 1982, pp. 11-12.

[7] SVETONIO, *De Grammaticiis*, 7, 2.

[8] J.S. RUSTEN, *Dionysius Scytobrachion*, Westdeutscher Verlag, Opladen 1982, p. 14.

ellenici; adattissimo a questo scopo era il poema di Omero, l'Odissea, centrato sulle mirabolanti avventure di Ulisse e sul suo travagliato ritorno all'agognata isola natale, Itaca. Con la sapiente guida di Gnifone Cesare dapprima studiò la traduzione del poema in latino, l'ormai arcaica ma sempre affascinante *Odusia* di Livio Andronico, poi, con l'ausilio del *grammaticus*, direttamente sull'originale greco (seconda lingua della colta aristocrazia romana). Gnifone gli spiegò i segreti di quell'idioma musicale, così diverso dal latino, dalla sintassi alle caratteristiche stilistiche. È indubbio che Gnifone trovò in Cesare un giovane allievo molto dotato, in grado ben presto di citare a memoria lunghi brani di autori greci e romani; dalle sue letture con Gnifone Cesare trasse spunto per comporre un poemetto giovanile, l'*Elogio di Ercole* (*Laudes Herculis*), seguito da una tragedia, l'*Edipo*. Questi scritti vennero in seguito fatti sparire dalla circolazione da Augusto, che li trovava insolenti e provocatori, timoroso che avrebbero potuto gettare delle ombre sul suo divinizzato padre adottivo e predecessore e, di riflesso, su di sé[9].

Anche la letteratura tecnica, e nello specifico quella militare, attirò ben presto la sua attenzione: lesse fin da ragazzo L'arte della cavalleria dell'ateniese Senofonte e il *De rei militari* di Catone il Censore, ma anche diversi volumi di *Memorie* dei grandi personaggi della romanità, tra cui quelli di Silla e Catulo e di altri appartenenti al mondo ellenistico, come Pirro, re dell'Epiro e Cinea suo ambasciatore, oltre alla *Ciropedia*, opera ancora di Senofonte, una sorta di trattato dell'educazione ideale di un sovrano[10].

---

[9] G. Zecchini, *Gli scritti giovanili di Cesare e la censura di Augusto*, in *La cultura di Cesare*, I, atti del Convegno internazionale di studi, Macerata-Matelica, 30 aprile-4 maggio 1990, Roma 1993, pp. 191-205. Si vedano, su queste due opere di Cesare, *Opere minori, frammentarie e inedite*, a cura di A. Schiavon, F. Reggio, M. Rizzotto, G. Petruzzelli, Primiceri, Padova 2022.

[10] G. Brizzi, *Caio Giulio Cesare: profilo di un grande comandante*, in G. Gentili (a cura di), *Giulio Cesare. L'uomo, le imprese, il mito*, Silvana Editoriale, Cinisello

Tuttavia, come si diceva, pur essendo una dimora patrizia, la casa della famiglia di Cesare si trovava nel quartiere più malfamato di Roma, la Suburra; a ricostruire ottimamente quanto apprese da tale ambiente è il filologo classico e romanziere spagnuolo Javier Negrete, che con molto acume e senso di penetrazione psicologica scrive: «Cesare aveva imparato a confrontarsi con tipi violenti di ogni sorta nella migliore delle scuole: la strada. (…) Nella Suburra il gioco preferito dai bambini consisteva nel lottare con pugni, pietre o bastoni. Sin da molto presto Cesare era diventato il capetto della combriccola della zona. All'inizio lo aveva fatto solo per sopravvivere: il bambino magro e aristocratico aveva dovuto dimostrare a tutti che in strada poteva essere il più duro, e aveva inoltre dovuto convincere se stesso di non temere nulla e di essere disposto a tutto»[11].

Queste due anime di Cesare (il fervido lettore dei classici e il monellaccio di strada) furono ben tratteggiate dallo scrittore austriaco Mirko Jelusich, che così ricostruì un dialogo fra il piccolo Cesare ed i suoi genitori, preoccupati per le sue scappatelle nel quartiere:

«"Che cosa fai qui?". "Ho letto", risponde Caio, evasivamente. Il padre si avvicina, raccoglie il libro. "Tucidide... ma comprendi quello che leggi?". Un nuovo cenno di assenso, questa volta fervido e lieto. "Abbozzati altri piani di battaglia? Che? Gli strateghi greci corretti?". Un sorriso imbarazzato: il sorriso del ragazzo al quale si sorprendono i sogni. Ma lo sguardo è aperto e pieno di fiducia: Caio conosce suo padre; sa ch'egli comprende l'anima giovanile. L'Edile si siede sulla panchina col libro in mano. Benevolmente domanda: "Dunque come hai risolto il caso? Come avresti conquistata Platea tu?". Caio riflette, poi guarda bene in faccia il padre e comincia a

---

Balsamo (Milano) 2008, p. 25.
[11] J. NEGRETE, *La Regina del Nilo*, I, *L'amante dell'imperatore*, Newton Compton, Roma 2013, p. 38.

esporgli il suo piano. L'edile ascolta; dal suo volto il sorriso scompare per dar posto ad un'espressione attenta. In un baleno i due discutono calorosamente: non un'obiezione al quale il giovinetto non abbia pronta la risposta. Gli occhi del padre cominciano a brillare di orgoglio. Caio se ne accorge. Ah, ma la mamma non prende affatto parte all'assedio di Platea. Mentre Caio parla, è assorta nei suoi pensieri. Tutt'a un tratto getta, in mezzo allo svolgersi delle considerazioni tattiche, una domanda inattesa: "Sei stato in giardino tutto questo tempo?". Un'occhiata di traverso. A che scopo mentire? "N... no", risponde lento ed esitante. "Dunque hai di nuovo scavalcato il muro? Sei tornato coi ragazzacci di strada?". "Non erano ragazzacci di strada", protesta Caio con vivacità, "C'era il cugino Cotta e Scevola... e tutti". "E che cosa avete combinato?". Ora anche il padre prende parte all'interrogatorio. "Ah! ... giocato!". La situazione diventa sempre più spiacevole. "Giocato! Davvero? Da dove proviene allora questa?". L'indice destro del babbo percorre la fresca graffiatura sulla guancia bruna del ragazzo»[12].

Seppur giovane, tuttavia, Cesare non era solamente un appassionato di letteratura o un comune teppistello di strada; ancora tredicenne, ebbe modo di seguire con passione gli eventi turbinosi che ebbero come protagonisti suo zio Mario e Silla, interessandosi degli avvenimenti che minacciavano di scuotere dalle fondamenta la Repubblica e che, in parte, coinvolsero la sua famiglia ed egli stesso.

Roma, all'epoca, era una vera e propria bomba ad orologeria sociale perennemente innescata: la conquista dell'Africa cartaginese e dell'Oriente ellenistico, nel II sec. a.C., avevano fatto sì che immense masse di schiavi e prigionieri di guerra si riversassero sull'Italia, facendo espandere a dismisura i latifondi delle famiglie aristocratiche senatorie, che attingevano a questo inesauribile serbatoio per ottenere manodopera a bassissimo costo da impiegare fino allo sfinimento nelle loro

---

¹² M. JELUSICH, *Caesar*, Bompiani, Milano 1934, pp. 13-14.

proprietà; ai piccoli proprietari terrieri, rovinati dal continuo stato di guerra della Repubblica, che li costringeva a lunghe assenze dal lavoro dei campi e dall'insostenibile concorrenza degli schiavi, non restava che svendere a prezzi irrisori le loro proprietà al tracollo al latifondista di turno e riversarsi in quella turba crescente di disoccupati che andava a congestionare i rioni popolari di Roma, in continua ricerca di espedienti per sopravvivere.

Come ben sintetizza Sergio Valzania, crebbe il preoccupante fenomeno delle clientele urbane: una volta trasferitisi in città, gli ex contadini rovinati, pur di ottenere il sostegno e la protezione di qualche altolocato patrono, mantenevano una totale disponibilità all'obbedienza; in tal modo gli aristocratici potevano formare vocianti gruppi di pressione nelle pubbliche assemblee, nonché temutissime bande di picchiatori che si affiancavano a vere e proprie formazioni paramilitari di gladiatori professionisti, assoldati all'uopo[13] .

Lo stato di insicurezza si allargò ben presto anche agli Italici, alleati dei Romani fin dagli inizi della loro fase espansiva della Penisola, con cui condividevano i rischi e i disagi delle guerre, fornendo milizie ausiliarie che andavano ad affiancarsi alle legioni nelle loro guerre di conquista o di difesa. Ma le classi elevate italiche, sempre speranzose di ottenere la cittadinanza romana, si videro più volte frustrate nei loro desideri; nel 92 a.C., quando Cesare aveva appena 10 anni e frequentava ancora le lezioni di Gnifone, il tribuno della plebe Marco Livio Druso presentò una proposta di riforma agraria e una legge frumentaria, che prevedeva distribuzioni quasi gratuite di grano alla plebe in condizioni disagiate, nonché un disegno di legge che permetteva l'accesso alla cittadinanza romana ai socii (alleati) italici. A queste iniziative si oppose con violenza il console Lucio Marcio Filippo, portavoce dei conservatori, che riteneva che l'immissione di così tanti nuovi cittadini con diritto di voto,

---

[13] S. VALZANIA, *La sconfitta di Farsalo*, Salerno Editrice, Roma 2018, pp. 20-21.

avrebbe snaturato le strutture statali. Nel novembre del 91 a.C. la situazione precipitò allorché alcuni seguaci estremisti di Filippo entrarono in casa di Druso, intento a ricevere come ogni mattina i propri clientes (i suoi protetti), e lo sventrarono. La notizia della sua uccisione fu per gli Italici, in primo luogo per i più agguerriti, vale a dire i Marsi (si parla infatti anche di "Guerra Marsica"), il segnale per l'esplosione della rivolta[14].

*

* *

Entrò improvvisamente in scena sul palcoscenico della storia di Roma una personalità controversa, un uomo che dominerà Roma con pugno di ferro ed attenterà alla vita dello stesso Cesare: Silla.

Lucio Cornelio Silla (che soprannominò se stesso Felix, vale a dire "il Fortunato"), nacque a Roma nel 138 a.C. Apparteneva ad un ramo caduto in miseria dell'antichissima gens Cornelia, di cui aveva fatto parte anche Scipione l'Africano, vincitore di Annibale. Sebbene patrizio d'origine Silla trascorse la gioventù completamente privo di mezzi economici, facendosi mantenere (a quanto si dice) da una prostituta d'alto borgo molto in là con gli anni. Nel 107 a.C., dopo aver sposato Giulia, sorella minore della moglie di Caio Mario (legandosi quindi anch'egli alla famiglia di Cesare sei anni circa prima che costui nascesse), fu da Mario stesso nominato questore, seguendolo nella spedizione africana contro Giugurta, re della Numidia ribelle alla Repubblica Romana. Silla riuscì a far pendere l'ago della bilancia in favore di Mario e dei Romani catturando con l'inganno Bocco, suocero di Giugurta. Dall'impresa gli derivò una certa fama ma anche la gelosia e il sospetto di Mario, suo ex protettore. Nonostante ciò, Silla continuò a servire nello stato

---

[14] L. BESSONE, R. SCUDERI, *Manuale di storia romana*, Monduzzi Editore, Bologna 1999[2], pp. 222-223.

18

maggiore di Mario per tutta la durata della difficile campagna condotta da questi in Gallia e in Nord Italia contro gli invasori germanici Cimbri e Teutoni (104-103 a.C.). Durante la battaglia dei Campi Raudii, tuttavia, si appoggiò a Catulo, rivale di Mario, anche se il meritò della vittoria andò incontestabilmente a quest'ultimo.

Una volta tornato a Roma, Silla si fece eleggere pretore e i suoi avversari politici non mancarono di accusarlo di aver corrotto per l'occasione diversi elettori. In seguito fu assegnato al governo della Cilicia, a nord della Palestina, incontrando anche gli ambasciatori dei Parti. Fatto ritorno in Italia al termine del mandato, si schierò con gli oppositori di Caio Mario, per poi assumere un comando militare durante la Guerra Sociale (91-88 a.C.), il difficile scontro che vide opporsi ai Romani gli ex alleati italici, insofferenti per la mancata concessione della cittadinanza romana a lungo attesa. Durante il conflitto Silla conquistò Aeclanum, capitale degli Irpini, tanto da meritarsi come premio il consolato al termine del conflitto (88 a.C.).

Il Senato assegnò a Silla l'incarico di recarsi in Oriente per contrastare Mitridate VI, il turbolento re del Ponto che aveva invaso la Grecia e l'Asia Minore, sottraendole al controllo romano. Non appena ebbe lasciato l'Urbe alla testa delle sue legioni, tuttavia, Caio Mario, che ambiva a sottrargli la conduzione della guerra, si impadronì di Roma e convinse il tribuno della plebe Sulpicio Rufo a destituire Silla dall'incarico per affidarlo a lui. Silla, che si trovava in quel momento in Italia meridionale pronto a imbarcarsi per la Grecia, fece un rapido quanto inaspettato dietro-front alla testa di sei fidate legioni, dirigendosi audacemente verso Roma stessa. Nessun generale, in precedenza, aveva mai osato violare con l'esercito il perimetro sacro della città (il cosiddetto pomerio). Intimoriti dalla risolutezza di Silla, Mario e i suoi sostenitori fuggirono dalla città. Come sottolinea giustamente lo storico Tom Holland, l'evento e le sue conseguenze furono considerati epocali[15]: «La marcia su Roma di un esercito romano segnò uno spartiacque, una sorta di perdita dell'innocenza. (...) La sconfitta alle elezioni, in una causa giudiziaria o in un dibattito al Senato era stata fino ad allora l'eventualità peggiore che un cittadino potesse temere. Ma Silla, nella sua lotta contro Mario, stava spingendo la rivalità e l'odio personale verso nuovi estremi. Da quel momento in poi il ricordo di quegli eventi avrebbe ossessionato tutti i cittadini ambiziosi, rappresentando nel contempo una tentazione e un timore».

Arthur Keaveney, attento biografo di Silla, cerca di spiegare le più profonde motivazioni del futuro dittatore, prendendo in considerazione motivi non solo politici ma anche e soprattutto psicologici[16]: «Alla perdita del comando della guerra contro Mitridate sarebbe seguita, rapidamente e inevitabilmente, l'estinzione politica. Tutti gli sforzi dei dieci anni precedenti non sarebbero valsi a nulla, e Silla sarebbe stato ricacciato in quell'oscurità da cui era emerso solo di recente. Da quel tenace combattente che era, non era disposto a soggiacere tranquillamente a questo stato di cose e quindi si mise a cercare un rimedio e così si rese conto che non gliene restava che uno: il suo esercito. (...) Ora, se voleva farsi valere, poteva ricorrere solo alla forza delle armi».

Roma era oramai nelle sue mani. Dopo avere preso una serie di provvedimenti per ristabilire il potere del Senato a discapito dei rappresentanti della plebe, Silla lasciò nuovamente l'Urbe, per intraprendere la guerra contro Mitridate.

In Oriente la guerra si risolse in un autentico trionfo per Silla, che attribuì i suoi successi alla dea Fortuna: sconfisse Mitridate, pur disponendo di forze nettamente inferiori, nelle spettacolari battaglie di Cheronea e di Orcomeno, dopodiché

---

[15] T. Holland, *Rubicone. Trionfo e tragedia della Repubblica Romana*, Il Saggiatore, Milano 2006, p. 80.
[16] A. Keaveney, *Silla*, Bompiani, Milano 1985, p. 68.

occupò e saccheggiò Atene, difesa da Archelao, generale del re del Ponto (86 a.C.). Tuttavia in Italia Mario riuscì a riprendere il controllo della Penisola, con il sostegno del console Cinna, ed ottenne che tutte le riforme e le leggi promulgate da Silla fossero dichiarate prive di validità legale e che lo stesso Silla fosse ufficialmente dichiarato nemico pubblico e costretto pertanto all'esilio.

Insieme, Mario e Cinna eliminarono fisicamente un gran numero di sostenitori di Silla inserendo i loro nomi nelle famigerate liste di proscrizione (elenchi pubblici che consentivano l'uccisione degli iscritti e l'incameramento di una parte dei loro beni).

Lo stesso Mario, assieme a Cinna, fu eletto console per l'anno 86 a.C. (per lui era la settima volta, un autentico record, mentre per Cinna era la quarta). Tuttavia Mario morì di morte naturale alcuni giorni dopo l'elezione e il suo posto fu preso dal console sostituto Valerio Flacco.

Quella di Mario non fu l'unica perdita familiare che Cesare dovette subire: ad essa si sommò anche quella, più dolorosa, del padre, morto improvvisamente a Roma per cause naturali mentre calzava i propri sandali, nell'85 a.C., secondo quanto narra Plinio il Vecchio (*Storia Naturale*, VII, 54). Sebbene giovanissimo, Cesare si ritrovò quindi investito dell'impegnativo ruolo di *paterfamilias*.

Frattanto Silla, dopo essere passato in Asia con l'esercito, costrinse Mitridate a firmare la pace di Dardano (85 a.C.) e ad evacuare tutti i territori che aveva occupato senza l'autorizzazione romana. Ora il generale romano aveva le mani libere per effettuare il suo rientro in Italia e dare il via ad una nuova e sanguinosa guerra civile.

Furono periodi convulsi anche per Cesare: lo zio Mario, nominato console per l'anno 86 a.C. (era per lui la settima volta, un fatto senza precedenti nella storia repubblicana), designò il giovanissimo nipote alla carica sacerdotale di flamine diale (*flamen dialis*), preposta al culto di Giove, una carica prestigiosa, certo, ma assai poco gradita per chi, come Cesare, intendeva fare carriera politica.

Il flamine – come del resto sua moglie, la flaminica diale – aveva a suo carico una lunghissima serie di prescrizioni religiose e di divieti, che gli rendevano impossibile assumere una funzione militare o politica[17].

È facile immaginare come questo "onore" garantitogli dallo zio Mario non entusiasmasse affatto Cesare, che lo vedeva più come un impedimento che un trampolino di lancio per la propria carriera. Più gradito dovette invece risultargli il fidanzamento e poi il matrimonio con Cornelia (ricordata dalle fonti anche come Cornelia Minore), figlia del capoparte mariano Cinna, sposalizio che si celebrò alcuni anni dopo, nell'83 a.C., quando la ragazzina aveva tredici anni. A Cesare piaceva l'idea di legarsi più strettamente con l'*establishment* guidato dai *populares*, anche se non ignorava la minaccia che gravava su di esso da parte dell'imminente ritorno di Silla e della sua armata.

Agli inizi dell'86 a.C., infatti, dopo appena tre settimane di consolato, Mario morì per cause naturali, lasciando il controllo della Repubblica di fatto a Cinna. Nell'83 a.C., intanto, Silla si imbarcò dall'Oriente e mosse alla volta di Brindisi, deciso ad abbattere la fazione mariana; una volta giunto in Italia si impegnò in una sanguinosissima guerra civile contro il partito mariano, nel corso della quale morirono Cinna e Mario il Giovane, figlio del defunto console. Impadronitosi di Roma con la feroce battaglia di Porta Collina, Silla diede inizio ad un sanguinoso regime dittatoriale, vendicandosi dei propri nemici politici ed autorizzando liste di proscrizione ben più lunghe di quelle di Mario. I primi ad essere massacrati furono i guerrieri sanniti presi prigionieri dopo lo scontro alle porte di Roma, quali oppositori impenitente del suo nuovo regime. Keaveney riporta con efficacia questo luttuoso e sanguinario evento che diede il

---

[17]Il lungo elenco delle prescrizioni si trova in AULO GELLIO, *Notti Attiche*, IX, 3-25.

via alla "restaurazione" sillana[18]:

Tutti i sopravvissuti furono ricondotti a Roma e, assieme a coloro che erano scampati alla battaglia alle porte di Roma, furono spinti, con il pretesto che dovevano venir contati, dentro la Villa Pubblica, dove il Senato era solito ricevere gli ambasciatori stranieri. Quindi i soldati di Silla si misero a massacrarli tutti. Mentre si stava svolgendo il macello, Silla stesso parlò al Senato che si era riunito nel vicino tempio di Bellona per ascoltare il suo rapporto sulla Guerra Mitridatica. Le urla e i lamenti di tutti quegli uomini che venivano assassinati in uno spazio così angusto si udirono chiaramente, e i senatori sobbalzarono allibiti dall'orrore. Silla, però, non lasciò trapelare alcun segno d'emozione e, senza alterare minimamente il tono della voce, disse ai suoi ascoltatori di calmarsi. Certi criminali venivano puniti per suo ordine. Sbrigatosi col Senato, passò a riferire le sue imprese al popolo.

Di questa nuova serie di purghe ne approfittò per arricchirsi considerevolmente uno speculatore e uomo d'affari senza scrupoli, che gran peso avrà poi nella vita e nella carriera politica di Cesare: Marco Licinio Crasso. Come scrisse Garzetti nella sua insuperata biografia di quest'ultimo personaggio[19]: «Nel triste periodo di stragi e di vendette succeduto alla vittoria di Porta Collina (82-81 a.C.), Crasso poté approfittare della riconoscenza del dittatore per arricchirsi a buon mercato, rilevando gran parte dei beni dei numerosi proscritti, le cui sostanze erano poste in vendita da Silla come bottino di guerra a lui spettante».

Silla varò quindi una serie di riforme tese a paralizzare ogni residuo potere delle assemblee popolari (in primo luogo il tribunato della plebe) ed a rinsaldare il potere degli aristocratici.

Alle prese con l'eliminazione fisica o politica dei suoi

---

[18] KEAVENEY, *Silla*, cit., p. 149.

[19] A. GARZETTI, *M. Licinio Crasso. L'uomo e il politico*, «Athenaeum», 29, 1941, p. 17.

avversari, era naturale che gli esponenti del disfatto partito mariano attirassero le non benevole attenzioni di Silla: tra costoro vi era anche il nostro Giulio Cesare, all'epoca appena sedicenne. Ben presto, infatti, si verificò un episodio che, come scrisse il suo biografo francese Auguste Bailly, diede a Cesare un'occasione per far mostra del proprio carattere: nel tentativo di spezzare i vincoli politici e di sangue contratti con gli esponenti di spicco dei mariani, Silla ordinò perentoriamente ai suoi legati Gneo Pompeo e Marco Pisone di ripudiare le proprie mogli, cioè rispettivamente Antistia e la vedova del defunto ed odiato Cinna. Entrambi si piegarono ai voleri del dittatore, così Pompeo divorziò da Antistia per sposare Emilia, figliastra dello stesso Silla (che era peraltro incinta di un altro uomo), anche se la decisione non portò che male, dato che la madre di Antistia si suicidò per il dolore e la novella sposa Emilia morì di parto in casa di Pompeo[20].

Allorché però venne il turno di Cesare, a cui fu intimato di divorziare da Cornelia, figlia di Cinna, con il pretesto che ella non era di origini nobili, questi si rifiutò con decisione di ottemperare alle decisioni del dittatore; i motivi dietro questo rifiuto possono essere vari, ma senz'altro Cesare non aveva alcuna intenzione di porre volontariamente fine a un matrimonio felice solo per obbedire agli ordini di un capoparte che detestava[21].

Silla andò prevedibilmente su tutte le furie, spogliò Cesare della carica di *flamen dialis*, lo privò dei beni e meditò di eliminarlo fisicamente[22], inserendolo nelle liste di proscrizione. Al fine di prevenire quest'ultima infausta sentenza, il giovane nobile si diede alla macchia, con alle calcagna gli sgherri del

---

[20] PLUTARCO, *Pompeo*, 9.
[21] A. BAILLY, *Giulio Cesare*, Bemporad, Firenze 1933, p. 18; A. GOLDSWORTHY, *Cesare. Una biografia*, Castelvecchi, Roma 2014, p. 70.
[22] PLUTARCO, *Cesare*, I, 4.

dittatore. Come dice giustamente Luciano Canfora [23], fu un'esperienza decisiva nella formazione di Cesare: «Egli ha esperimentato allora cosa significa rischiare tutto, in una situazione di strapotere dei nemici politici. Ha esperimentato cosa potesse significare il dominio incontrollato della *factio paucorum*».

Cesare, nonostante fosse in quel periodo assalito da attacchi di febbre quartana, dovuta ad una forma di malaria, fu costretto dunque a lasciare l'Urbe, rifugiandosi nella Sabina e cambiando ogni notte il proprio nascondiglio[24], finché non venne intercettato da alcuni sgherri sillani, capeggiati da un centurione di nome Cornelio Fagita; catturato, Cesare riuscì a corrompere Fagita offrendogli ben 12.000 denari d'argento, ovvero l'equivalente di 100 paghe annue di un soldato semplice, cosicché riuscì a fuggire per un soffio all'arresto e alla successiva esecuzione[25].

Alla fine l'intercessione di sua madre Aurelia riuscì a placare le ire di Silla: ella convinse infatti, tramite Sesto, sacerdote del dio Quirino, le vergini Vestali ed alcuni suoi parenti – in primo luogo Gaio Aurelio Cotta e Mamerco Emilio Lepido, fedeli ufficiali sillani e futuri consoli – ad intercedere per la salvezza del figlio. Davanti a così numerose pressioni, e conscio della poca importanza di Cesare nello scacchiere politico del momento, Silla si lasciò convincere a mollare la presa, sia pur con qualche riluttanza, tanto che avrebbe esclamato infastidito[26]: «Abbiatela pure vinta, tenetevelo pure! Un giorno vi accorgerete che colui che volete salvo a tutti i costi sarà fatale alla fazione degli ottimati, che tutti insieme abbiamo difeso. In Cesare ci sono molti Gaio Mario!».

---

[23] L. Canfora, *Giulio Cesare. Il dittatore democratico*, Laterza, Roma-Bari 2006³, p. 3.

[24] Svetonio, *Vita di Cesare*, 1.

[25] Svetonio, *Vita di Cesare*, 74; Goldsworthy, *Cesare*, cit., p. 70.

[26] Svetonio, *Vita di Cesare*, 1.

Silla, inoltre, stigmatizzando la molle ed ostentata eleganza del giovane Cesare, mise in guardia i suoi intercessori, dicendo loro: «Guardatevi da quel ragazzo che cinge la toga in modo sconveniente [27] ». Ma a cosa alludeva Silla con quell'espressione? Il giovane Cesare amava mostrarsi in pubblico cinto in maniera non conveniente, con la veste a volte discinta e con la toga rigonfia: a Roma ciò era considerato alquanto trasgressivo dai perbenisti, un chiaro segno di dandismo, ma era anche un'indicazione palese che quel ragazzo poco o nulla si curava delle prescrizioni e delle rigide regole del modo di vestire degli aristocratici suoi pari[28]. Diceva di lui Svetonio[29]: «Era fin troppo preoccupato del suo aspetto esteriore; perciò non solo si faceva accuratamente tagliare i capelli e radere, ma si depilava anche in tutto il corpo, come gli rinfacciavano certe persone.»

Quale era dunque l'aspetto di Cesare all'uscita dall'adolescenza? Sempre secondo Svetonio sfoggiava all'epoca una folta capigliatura nera e brillante come l'ala di un corvo (la calvizie gliel'avrebbe però ben presto, con suo sommo rammarico, fatta diradare) e la sua pelle odorava degli unguenti e dei profumi più costosi; aveva sicuramente un aspetto piacevole e, sebbene si aggirasse per le strade di Roma abbigliato in modo ricercato e un po' stravagante, il suo fisico magro e asciutto, il volto pallido e lo sguardo deciso attiravano più di un compiaciuto sguardo femminile[30]

Nel suo celeberrimo romanzo storico sui primi anni giovanili di Cesare, lo scrittore Giuseppe Rovani (1818-1878) così s'immagina, senza andare troppo lontano dal vero, il futuro dittatore posare nudo per un ritratto in stile eroico davanti alla

---

[27] DIONE CASSIO, *Storia Romana*, XLIII, 43, 4; SVETONIO, *Vita di Cesare*, 45, 3; MACROBIO, *Saturnali*, II, 3, 9; quest'ultima fonte include anche Pompeo nel novero degli intercessori.

[28] HORST, *Cesare*, cit., p. 42.

[29] SVETONIO, *Vita di Cesare*, 45.

[30] HORST, *Cesare*, cit., p. 42.

migliore pittrice dell'epoca, tale Laia di Cizico, nominata anche da Plinio il Vecchio[31]: «Ma si entrino i penetrali, a visitarvi il divo Giulio; e come l'Apollo sagittario ei ci si presenta infatti nudo come la celebre statua greca, bianco e diafano come il marmo pario, posante come quel dio. Egli stava in quel punto facendosi ritrarre da quella celeberrima Laja di Mileto (…). La giovine Laja, severa come una Minerva, inaccessibile a qualunque senso che non fosse il più profondo amore dell'arte, sedeva innanzi a quella statua viva disegnandone i contorni su di un'ampia tavola».

Anche se temporaneamente graziato da Silla per intercessione della madre e dei parenti, Cesare comprendeva bene che sarebbe stato alquanto più prudente sparire per un po' dalla circolazione, perciò, dopo un breve ritorno a Roma, decise di assumere, com'era prassi fra i giovani aristocratici, un incarico militare, che l'avrebbe tra l'altro facilitato nella scalata al *cursus honorum*, la rigida serie di magistrature cittadine recentemente revisionata da Silla che conduceva al vertice del potere repubblicano, il consolato.

Nella fattispecie Cesare entrò agli ordini di Marco Minucio Termo, propretore della provincia d'Asia (l'attuale Turchia costiera nord-occidentale), dove, essendo di famiglia senatoriale, poté rivestire il ruolo di ufficiale nell'esercito impegnato contro re Mitridate, nuovamente insorto contro Roma[32]. Termo era un fedelissimo di Silla, un suo compagno d'arme (*contubernalis*), e non è improbabile che avesse segretamente ricevuto ordine dal dittatore di tenere d'occhio Cesare. Una delle prime imprese cui il giovane ufficiale romano prese parte fu l'assedio della città di Mitilene, nell'isola di Lesbo, che si era rifiutata di piegarsi alla Repubblica ed aveva

---

[31] G. Rovani, *La giovinezza di Giulio Cesare*, Messaggerie Pontremolesi, Pontremoli (Massa Carrara) 1985, p. 38; per la verità Laia era nativa di Cizico, non di Mileto, ed era già adulta quando Cesare nacque; quindi, è un po' arduo definirla "giovine", ma in un'opera di fantasia, specie se di valore come questa, simili piccole inesattezze sono ampiamente concesse.

[32] A. Spinosa, *Cesare. Il grande giocatore*, Mondadori, Milano 1986, p. 36.

imbracciato le armi per difendere la propria indipendenza.

Termo, pur allestendo i preparativi per investire la città, non volle affrontare i rischi di un blocco navale prima di aver ricevuto in proprio supporto la flotta dell'alleato Nicomede IV Filopatore (94-74 a.C.), re della Bitinia, favolosamente ricco e potente in quanto, complice la tutela romana, esercitava una sorta di pirateria semilegale estorcendo somme enormi dalle navi che intendevano accedere al Mar Nero attraverso il Bosforo, che egli controllava. Dato però che, nonostante le pressanti richieste di Termo di fornire le navi in questione, Nicomede tergiversava ed indugiava, il propretore inviò alla sua corte il giovane Cesare, di cui conosceva le doti oratorie e in cui nutriva una certa fiducia, con il compito di tornare con gli indispensabili navigli[33].

Nicomede, che aveva già conosciuto il padre di Cesare e ne serbava un affettuoso ricordo, accolse molto calorosamente il giovane che, da parte sua, apprezzò a tal punto l'ostentato lusso di quella corte ellenistica da intrattenervisi forse più del dovuto: ciò fece nascere alcune voci malevole e pettegolezzi infondati, riportati da mercanti romani e raccolti volentieri da Svetonio, intorno al fatto che Cesare e Nicomede intrattenessero una relazione omosessuale, e che il giovane romano gli avesse funto persino da coppiere nel corso di un baccanale, assieme ad altri fanciulli avvenenti; si trattò in ogni caso di un pettegolezzo costruito ad arte cavalcando l'onda dei pregiudizi sui Greci e gli Orientali ritenuti individui corrotti e decadenti, in particolare verso i re ellenistici e le loro corti, ritenuti covi di intrighi e perversioni sessuali[34].

Ad ogni modo, insinuazioni gratuite a parte, la guerra entrò ben presto nel vivo. I Romani diedero energicamente il via

---

[33] HORST, *Cesare*, cit., pp. 44-45.

[34] SVETONIO, *Vita di Cesare*, 2, 1; 49, 1-4; GOLDSWORTHY, *Cesare: una biografia*, Castelvecchi, Roma 2014, pp. 81-82; sulle insinuazioni malevole di Cicerone al riguardo si veda la sintesi di SPINOSA, *Cesare...*, cit., pp. 37-38.

all'assedio di Mitilene; nel corso delle impegnative e sanguinose operazioni che portarono all'espugnazione della città greca, Cesare ebbe modo di distinguersi in modo spettacolare tra l'anonima turba dei suoi giovani ed inesperti colleghi ufficiali, salvando – gladio alla mano – la vita di uno o più commilitoni e portandoli in salvo, cosa che gli garantì un'alta onorificenza a soli 19 anni, la corona civica, intrecciata con foglie di quercia, albero sacro a Giove, ed il diritto di fregiarsene in pubblico durante le celebrazioni festive; ciò indubbiamente diede una forte spinta in senso positivo alla sua carriera[35].

Da lì si pose al servizio del generale Publio Servilio Vatia Isaurico, che stava conducendo delle operazioni contro i pirati che infestavano la regione. Ma era il 78 a.C. e allorché gli giunse la notizia dell'improvvisa morte di Silla, Cesare giunse alla conclusione che era per lui tempo di fare ritorno a Roma, anche perché gravi rivolgimenti politici sembravano aver preso piede nella Città Eterna. Presa dunque la prima nave diretta verso l'Italia, si sciolse dai suoi impegni e salpò alla volta della Penisola.

*
* *

Vladimir Putin non può vantare antenati blasonati come quelli di Cesare, nondimeno è interessante dare uno sguardo ai suoi più diretti avi, la cui storia può contribure a gettare della luce sulla sua persona ed il suo carattere.

La famiglia di Putin era di umili origini, tanto da essere annoverata nell'anonimo e numeroso stuolo dei servi della gleba, istituzione di retaggio medievale che sopravvisse a lungo nella Russia zarista[36].

---

[35] PLINIO IL VECCHIO, *Storia Naturale*, XVI, 12-13; AULO GELLIO, *Notti Attiche*, V, 6; M. GELZER, *Caesar, Politician and Statesman*, Harvard University Press, Harvard 1968, p. 22; L. ROSS TAYLOR, *The Rise of Julius Caesar*, «Greece and Rome», 4, 1957, pp. 10-18.

[36] Nel 2005 il popolare quotidiano russo *Moskovskij Komsomolets* pubblicò un

Il nonno paterno, Spiridon Ivanovič Putin (1879-1965), era stato mandato dalla famiglia a San Pietroburgo per apprendervi il mestiere di cuoco con la speranza fi spiccare un "salto di qualità" ed introdursi nella vita borghese, lasciandosi alle spalle il mondo contadino; 1 giovane Spiridon iniziò così, ancora ventenne, a lavorare presso i migliori ristoranti della città, dimostrando un grande talento culinario ed entrando in contatto con i clienti dell'alta borghesia.

Una sera fece il suo ingresso nel ristorante dove Spiridon lavorava il celeberrimo monaco Rasputin. Grigórij Efímovič Rasputin (1869–1916), era il più noto e al contempo ambiguo mistico russo, taumaturgo nonché consigliere privato del casato imperiale dei Romanov; egli, com'è noto, esercitava un'influenza molto vasta su Nicola II di Russia, in particolare dopo l'agosto 1915, quando lo Zar assunse il comando dell'esercito nella I Guerra Mondiale. Fino alla morte, si mantenne fedele a Nicola II e a a sua moglie la Zarina Alessandra, avendo sempre avuto fede cieca nel principio dell'assolutismo imperiale su cui si basava il trono imperiale russo[37].

L'ambiguo e magnetico santone, entrato nel ristorante, ordinò un piatto di *"sci"*, una zuppa di cavolo molto aspra, tipica

---

articolo in prima pagina, intitolato «Il segreto di famiglia»: il quotidiano parlava delle presunte origini italiane di Vladimir Putin; stando a quanto riportato all'epoca dal giornale russo, nel vicentino vi sarebbero perlomeno 50 famiglie con il cognome Putin, presente anche a Venezia Nel servizio del quotidiano moscovita, venne spiegato che verso la fine dell'Ottocento un gruppo di Putin veneti si trasferì in Russia per lavorare alla costruzione della ferrovia Transiberiana. Altri, con lo stesso cognome, andarono a Mosca per esercitare la professione di ambulanti. A distanza di vari anni, comunque, l'articolo del *Moskovskij Komsomolets* sulle origini italiane di Putin risulta introvabile e impossibile da recuperare. Le origini della famiglia di Putin sono state rintracciate grazie ai registri della chiesa del villaggio in cui vivevano i suoi antenati. In tali documenti ecclesiastici sono conservate le tracce dei battesimi, dei funerali e dei matrimoni della famiglia fino al Settecento. In quei documenti non vi 'è alcuna traccia delle presunte origini venete di Putin.

[37]Sulla figura di Rasputn si veda il recente M. NATALIZI, *Il burattinaio dell'ultimo Zar. Grigorij Rasputin*, Salerno Editrice, Roma 2016 .

della cucina contadina russa. Rasputin gradì tanto la minestra da ordinarne una seconda e poi una terza porzione[38]; finalmente satollo, chiese di conoscere il cuoco; Spiridon Putin uscì dunque dalla cucina, ed il monaco gli chiese, secondo l'uso antico: «Di chi sei»? (Al tempo della servitù della gleba russa, infatti, si domandava ai contadini di qualificarsi con il nome del loro padrone).

«Siamo dei Putin», replicò Spiridon.

«Putin, Putin, Putin...», mormorò pensieroso il monaco come se vedesse al di là delle nebbie del futuro quindi si cacciò una mano in tasca, ne estrasse una moneta d'oro e la consegnò al giovane e stupito cuoco, aggiungendo: «Bravo Putin, ti benedico per la gloria di Dio nostro Signore e la Russia patria nostra!». Si alzò quindi in piedi e benedisse il giovane con il segno della croce, aggiungendo: «Vai con Dio, figlio mio!».

*

* *

Con lo scoppio della I Guerra Mondiale, Spiridon venne arruolato nella fanteria zarista, partendo per il fronte mentre la sua famiglia si trasferiva nella località di Pominovo, in campagna, in cerca di mezzi di sussistenza.

Le condizioni della vita di trincea erano al limite del disumano fecero avvicinare Spiridon all'ideologia comunista, molto diffusa fra i soldati grazie ai suoi ideali di uguaglianza e di giustizia sociale, tanto da offrirsi volontario per distribuire tra i suoi commilitoni volantini di propaganda: era un'attività considerata illegale e rischiosa, in quanto – se sorpreso in flagranza – l'esercito zarista l'avrebbe punita con la fucilazione[39].

Nel 1917, com'è noto, ebbe luogo la rivoluzione

---

[38]N. LILIN, *Putin, l'ultimo Zar. Da San Pietroburgo all'Ucraina*, Piemme, Milano 2022, pp. 34-25.
[39]LILIN *Putin*, cit., p. 26.

bolscevica: Spiridon, tornato dal fronte, fu nominato responsabile della cucina della villa in cui risiedevano il leader rivoluzionario Lenin, la moglie Nadeja Krupskaya e la sorella dell'uomo, Maria. Le doti culinarie di Spiridon vennero molto apprezzate dalla famiglia di Lenin, tanto che alla morte di quest'ultimo, il cuoco passò al servizio di Iosif Vissarionovič Stalin,

*
* *

Dalla moglie Olga Spiridon ebbe sei figli, quattro maschi (di cui due caddero combattendo nella II Guerra Mondiale) e due femmine. Delle femmine una, Lyudmila, lavorò durante il secondo conflitto mondiale in una fabbrica di armi a Jukovski, non distante da Mosca, mentre la maggiore, Anna, venne fatta prigioniera con il suo bambino durante l'invasione nazista e condotta in un campo di concentramento nell'odierna Lettonia. Dopo la fine delle ostilità Anna e suo figlio si trasferirono a Petergof, dove trovò lavoro in ferrovia.[40]

Il padre di Putin, anch'egli di nome Vladimir Spiridonovič Putin (1911-1999), figlio di Spiridon, era un proletario ed un comunista convinto, ateo secondo i dettami dell'ideologia sovietica; accettò tuttavia di sposarsi segretamente nella chiesetta del paese natìo secondo il rito cristiano-ortodosso, dietro insistenza della giovane fidanzata Maria (Marija Ivanovna Šelomova (1911-1998), soprannominata affettuosamente Masha), in cui erano forti le credenze cristiane tipiche dell'ambiente contadino da cui proveniva.

Nel 1932 Vladimir e Maria si trasferirono a Leningrado, ma con i loro magri redditi riuscirono solo ad affittare metà di una modesta casetta nel paesello di Petergof, nella periferia della grande metropoli, pur ritenendosi soddisfatti di tale soluzione.

---

[40]LILIN *Putin*, cit., p. 28.

Maria lavorava in fabbrica, mentre Vladimir, arruolatosi nella flotta militare, svolgeva il proprio servizio in una base di sommergibili, un posto di gran prestigio, coperto dal segreto statale. Il loro primo figlio, Oleg, nacque e visse solo pochi mesi, ma nel 1940 arrivò loro il secondogenito, Viktor, che sarebbe poi morto di difterite durante l'assedio di Leningrado, all'età di nove anni, mentre era affidato ad uno dei numerosi istituti pubblici per l'infanzia creati dalle autorità sovietiche per tentare di salvare perlomeno i bambini dai bombardamenti e dalla fame[41]. L'ombra della "Grande Guerra Patriottica" (così i Russi chiamano ancora oggi la II Guerra Mondiale) si avvicinava minacciosa, ma i due sposi ancora non se ne avvedevano.

La rottura del patto Molotov-Ribbentrop (dal nome dei due ministri degli Esteri, rispettivamente sovietico e nazista, che lo siglarono), che avrebbe dovuto garantire la reciproca non aggressione e sicurezza ai due colossi totalitari, fu un trauma sia per Stalin che per i Russi in generale, che furono colti di sorpresa ed impreparati dall'invasione tedesca.

Racconta a tal proposito Gianni Rocca: «lo Stalin del 22 giugno 1941 è un uomo sconvolto, incapace di comprendere, *groggy* come un pugile ripetutamente colpito. Quando arriva al Cremlino manifesta ancora la sua incredulità sull'attacco tedesco. (…) Sino alle 7:15, ora in cui finalmente si autorizza la risposta al fuoco, Stalin resta aggrappato alla speranza che quella di Hitler sia una subdola provocazione per indurlo a entrare in guerra. Le prime disposizioni sono altrettanto folli, sganciate dalla realtà. Si ordina alle truppe di frontiera di passare al contrattacco, puntando su Lublino, mentre i Tedeschi sono già penetrati di oltre 50 km in territorio russo»[42].

Gli aerei della *Luftwaffe* iniziarono un esteso e sistematico bombardamento del suolo sovietico, mentre i carro armati della

---

[41]G. SANGIULIANO, *Putin. Vita di uno Zar* Mondadori, Milano 2022, p. 15.

[42]G. ROCCA, *Stalin, quel "meraviglioso Georgiano"*, Mondadori, Milano, 1988, p. 306.

Wehrmacht penetravano come un coltello caldo nel burro le difese russe, colpendo e mettendo fuori giuoco numerosi obiettivi strategici. Stalin rimase anzi così turbato da ritirarsi per qualche tempo in una delle sue residenze private, ma i suoi concittadini attendevano da lui, considerato in qualche modo una sorta di "padre della nazione", l'impulso alla resistenza ed alla riscossa. Stalin tornò allora al Cremlino e diffuse via radio un epocale discorso, chiamando la popolazione a partecipare attivamente alla difesa; come risultato vi fu numero record di arruolamenti volontari.

Tra gli arruolati vi fu anche Vladimir, il padre di Putin, che per via della sua affidabilità fu arruolato dal NKVD in un gruppo di sabotatori, i cosiddetti "battaglioni dei cacciatori".

La conquista di Leningrado era l'obiettivo del Gruppo delle Armate Nord della Wehrmacht fin dall'inizio dell'invasione della Russia. L'8 settembre del 1941 la metropoli era già circondata dai Tedeschi, grazie anche al ricongiungimento con le truppe dei Finlandesi guidati dal maresciallo Mannerheim, che erano avanzate in suolo russo attraverso l'istmo di Carelia. Non potendo investire direttamente Leningrado con un assalto frontale per scarsità di effettivi, il Gruppo delle Armate Nord si accinse a porla sotto assedio.

Nel 1941 popolavano la città all'incirca 2 milioni e 600.000 abitanti, che disponevano tuttavia di cibo a malapena sufficiente per due mesi. La situazione era così tragica che l'Istituto delle Scienze di Leningrado si mise a produrre farina ricavandola addirittura dai contenitori delle granate, ma nemmeno questi fantasiosi sforzi si rivelarono una misura adeguata, cosicché i civili che seguitavano imperterriti a lavorare nelle fabbriche della città pur di contribuire allo sforzo bellico ricevevano a fatica solamente un decimo della quantità di calorie necessaria ad un adulto per sopravvivere.

Fortunatamente, alla fine di novembre, il vicino lago Ladoga gelò, sicché poté giungere a Leningrado il primo convoglio con 33 tonnellate di indispensabili viveri, che avrebbero coperto però appena un terzo delle necessità alimentari quotidiane.

Sebbene altre derrate riuscissero a giungere in città alla spicciolata, attraverso le foreste, la condizione della popolazione era così compromessa che nel solo giorno di Natale del 1941 morirono di inedia quasi 4.000 civili.

Tra il gennaio e l'aprile del 1942 i Russi effettuarono una serie di tentativi di spezzare l'assedio, ma tutti vennero respinti con durezza dai Tedeschi, che contemporaneamente seguitavano a bombardare senza requie la città con artiglieria ed aviazione, trasformandone interi quartieri in ammassi di macerie fumanti.

Durante un'azione di sabotaggio, il padre di Putin venne gravemente ferito alle gambe, mentre un compagno accanto a lui cadde falciato dai proiettili nemici; trasportato sulle spalle da un commilitone che si mise a correre zigzagando sulla superficie ghiacciata del vicino fiume Neva, per evitare le raffiche delle mitragliatrici dei Tedeschi[43].

La morsa della fame si faceva sentire ferocemente in città: ci si cibò praticamente di ogni cosa che fosse anche solo vagamente commestibile: piccioni, gatti topi e vi furono persino 1500 persone arrestate con la tremenda accusa di cannibalismo[44].

Nel frattempo i Tedeschi avevano occupato i sobborghi di Leningrado, fra cui Petergof, dove risiedeva la madre di Putin: la donna fu portata in salvo con il suo bambino Viktor, dal fratello, ufficiale in servizio presso la cancelleria della Flotta militare del mar Baltico e trasferita nell'assediata Leningrado, dove, per mancanza di cibo, dovette assegnare il piccolo ad uno degli istituti assistenziali cittadini.

La fame debilitò gravemente la stessa Maria, che giunse quasi al punto di morire di inedia; per sua fortuna intervenne ancora il fratello, che giunse un po' di pane e zucchero con cui le preparò una specie di zuppa dolce, che nutrì poco a alla volta la

---

[43]LILIN *Putin*, cit., pp. 36-37.
[44]SANGIULIANO, *Putin*, cit. pp. 34-35.

donna, che poté così riprendersi. Non così fu per il piccolo Viktor che, come si diceva, si ammalò di difterite e, debilitato dalla fame, non sopravvisse all'inverno: fu così sepolto in una delle fosse comuni ancor oggi presenti nel Parco della Memoria di Leningrado[45].

Vladimir era ancora arruolato nell'ospedale militare della città e non gli era consentito ricevere visite, ma un'infermiera chiuse un occhio e così poté incontrarsi segretamente con Maria: i due sposi piansero insieme per la morte del piccolo Viktor. Vladimir era però preoccupato soprattutto per le condizioni di salute della moglie, dimagrita paurosamente, così prese a passarle di nascosto la sua razione di cibo ospedaliero, cosa assolutamente proibita e punita addirittura con la fucilazione, in quanto considerata come un furto ad una proprietà dello Stato. I medici che lo avevano in cura però si accorsero che qualcosa non andava, perché il paziente era sempre più debole e stentava a guarire così impedirono ai due coniugi di incontrarsi ancora.

La fame e la debolezza ebbero il sopravvento sul fisico debilitato di Maria, che non riusciva nemmeno più ad alzarsi dal letto. In quel lasso di tempo, tuttavia, Vladimir fu dimesso dall'ospedale e, zoppicando sulle proprie stampelle, arrancò faticosamente fino a casa. Una volta giunto nel cortile antistante, tuttavia, vide gli addetti al servizio sanitario estrarre dal caseggiato i corpi dei morti per fame e allinearli sull'erba, pronti per essere caricati sull'apposita vettura ed essere scaricati in una fossa comune. Sentendosi venir meno per l'angoscia, vide e riconobbe tra costoro anche Maria. Avvicinatosi si avvide che ancora respirava, perciò si mise a chiamare a gran voce uno dei sanitari. L'uomo, sbuffando, lo liquidò dicendo che ne avrebbe avuto comunque ancora per poco, così Vladimir lo picchiò violentemente con la stampella, obbligandolo a trasportare nuovamente la donna moribonda nell'appartamento. Qui Vladimir la fece adagiare sul letto e si prese cura amorevolmente

---

[45]LILIN *Putin*, cit., p. 40.

di lei, condividendo la razione di cibo quotidiana a cui aveva diritto in quanto militare[46].

Infine, il 12 gennaio del 1943 l'Armata Rossa sferrò un'efficace offensiva, detta Operazione *Iskra*, vale a dire "scintilla": mentre dalla città muovevano alcuni reparti della 67ª Armata, contemporaneamente da est, all'esterno delle posizioni degli assedianti tedeschi, partì all'attacco la 2ª Armata d'urto: dopo una settimana di feroci combattimenti, i Russi riuscirono ad aprirsi un corridoio largo circa 10 km, all'interno del quale costruirono rapidamente una ferrovia ed una strada camionabile.

Oramai il blocco tedesco era stato infranto ed i collegamenti con la città assediata ripristinati, ma i nazisti abbandonarono le loro postazioni attorno a Leningrado solamente il 27 gennaio del 1944, dopo un assedio durato ben 872 giorni. Ufficialmente i caduti russi ammontarono a 632.000 morti, per la stragrande maggioranza civili periti per la fame ed il freddo, ma in realtà la cifra superava di molto il milione. Dal canto loro i Tedeschi avevano perduto ben mezzo milione di uomini, fra morti, feriti, dispersi e prigionieri[47].

*

* *

Dopo la fine della guerra (1945), con l'Unione Sovietica e gli Stati Uniti d'America a spartirsi oramai l'egemonia mondiale, Vladimir fu congedato dall'esercito per l'incompatibilità col servizio attivo che le lesioni alle gambe gli avevano procurato.

Trovò pertanto lavoro in una fabbrica di Egorov, in uno dei pochi posti riservati agli invalidi di guerra, e l'amministrazione stessa della ditta offrì a titolo gratuito una piccola stanza in una casa comunale risalente al 1859, al centro di

---

[46]LILIN *Putin*, cit., pp. 40-43.
[47]G. BRECCIA, A. FREDIANI, *Le guerre della Russia*, Newton Compton, Roma 2022, p. 316.

Leningrado, nel vicolo Baskov. La *kommunalka* (in russo коммуналка) era un tipo di abitazione, tipica dei primi quarant'anni di vita dell'Unione Sovietica, in cui più nuclei familiari condividevano in promiscuità i servizi, la cucina ed il corridoio, occupando in forma privata solamente uno o al massimo due locali. Le *kommunalki* erano sorte dalla suddivisione dei grandi appartamenti signorili dell'epoca zarista, attuata sotto Lenin al fine di offrire un'abitazione alle famiglie più povere e disagiate[48].

La stanza era ubicata al quinto piano dell'edificio, priva di ascensore e situata al termine di un oscuro corridoio, a cui si accedeva direttamente dalle scale, con una cucina, un corridoio ed un bagno in comune, da condividere con altri venti vicini e rispettive famiglie. A dire il vero "cucina" era una parola grossa: al suo posto vi era solo un grande lavabo ed una stufa a gas munita di quattro piastre bisunte sopra cui devono servirsi tutti. La grande promiscuità era fonte di continui bisticci fra le donne per la gestione degli spazi comuni, in special modo il gabinetto. Le finestre si affacciavano su un cortile interno e piuttosto asfissiante, tipico di molte *kommunalki*, e chiamato in gergo "pozzo", giacché, se ci poneva al centro del cortile e si sollevava lo sguardo verso il cielo, l'impressione era proprio quella di trovarsi nel fondo di un grigio e triste pozzo[49].

Assieme alla famiglia Putin abitavano altre due famiglie, composte da una coppia di giovani operai ed una di anziani ebrei osservanti. I muri erano fatiscenti e scostati, pieni di muffa, le scale prive di corrimano ed i vetri rotti rattoppati alla bell'e meglio ed il riscaldamento garantito solo da stufe in ghisa alimentate a legna, deytte *burzhuikas*. Solamente guardando con attenzione era possibile scorgere, attraverso l'elegante

---

[48] È lo stesso Putin a raccontare nella sua biografia ufficiale От Первого Лица (*In prima persona*, stampata per la campagna presidenziale del 2000) della propria infanzia povera, trascorsa in una *kommunalka*.
[49] LILIN *Putin*, cit., p. 44.

architettura neoclassica rovinata dall'incuria, l'antico fasto signorile di quelle dimore aristocratiche fatiscenti, spesso progettate da architetti italiani per borghesi e commercianti zaristi[50].

È dunque qui, al numero 12 del vicolo Baskov, che il 7 ottobre del 1952, a pochi isolati da Nevskij Prospekt, la vasta e celebre strada che attraversava il centro di Leningrado, partendo dalla grande spianata della Piazza del Palazzo, che sette anni dopo la fine della guerra nacque il terzo figlio della coppia, il futuro presidente della Federazione Russa, Vladimir Vladimirovič Putin. Gli venne dato lo stesso nome del padre a titolo scaramantico: dato che la Morte si era portata via i primi due figli, si sperava che essa avrebbe risparmiato quello che portava il nome del genitore, che era già arrivato all'età adulta ed era per di più sopravvissuto a una guerra terribile. Il *pope* che battezzò il piccolo Vladimir si chiamava Michail, uno dei cui figli, Cirillo, era destinato a divenire patriarca della Chiesa Ortodossa di Mosca nonché grande alleato dello stesso Putin.

I genitori di Putin lavoravano entrambi duramente, ragion per cui il bimbo iniziò precocemente a frequentare i figli dei vicini e poi le bande di ragazzini che imperversavano per il quartiere, scorrazzando fra i cumuli di macerie lasciati dal recente assedio nazista. Così lo stesso Putin rievoca quei suoi primi anni: «Da parte dei miei genitori non c'era un controllo molto rigido e io passavo molto tempo nel cortile, anche se ovviamente non mi era permesso allontanarmi. Mio padre, di fatto, non poteva occuparsi di me: lui badava al benessere della famiglia e mi dava delle dritte in generale; la mamma invece mi dedicava attenzione mi raccontava le fiabe, mi portava in giro per la città. Poi cominciai ad andare a passeggiare da solo o in compagnia degli amici. Più che altro correvamo lungo il cortile o entravamo nei locali dove si conservava la legna per la caldaia. Quando venne il tempo di cominciare la scuola, ricordo che il

---

[50]SANGIULIANO, *Putin*, cit. pp. 16-17.

primo giorno i miei genitori mi accompagnarono entrambi e che io avevo con me un piccolo vaso di fiori: era un'usanza dell'epoca quella di portare delle piante, che sarebbero poi cresciute sui davanzali delle finestre»[51].

Vladimir iniziò la scuola elementare a otto anni, nel 1960, scuola situata in un edificio a pochi passi da casa. La prima insegnante del piccolo Putin (soprannominato allora affettuosamente "Vova") fu la giovane maestra Tamara Cijova, originaria di Ozerki, un villaggio ubicato alla periferia di Leningrado, che amava molto i suoi alunni e li conduceva spesso in gite sulla neve. Un'altra insegnante fu Vera Dmitrievna Gurevič, specializzata in tedesco, e che molti anni dopo, rammentando il piccolo Vladimir, dirà: «Veniva da una famiglia che aveva avuto una vita molto dura. La mamma ebbe un grande coraggio a partorire a 41 anni. (…) Una bella persona, gentile e altruista. Di sicuro aveva sempre lavorato duramente»[52].

Il piccolo Putin era tra i bambini più vispi della propria classe, intelligente ma aggressivo, recalcitrante di fronte alla disciplina che gli veniva imposta. Una volta un insegnante dovette trascinarlo letteralmente per il colletto dalla sua aula ad un'altra, poiché, invece di riordinare la classe come gli era stato comandato, si era recato nel laboratorio, combinandovi un pasticcio. Si dimenò con forza, poi, dopo molto tempo, si calmò all'improvviso, non dicendo più nulla e mettendosi in disparte, salvò per poi dare in escandescenze più volte nel corso della medesima giornata.

Informato dall'insegnante di tedesco del comportamento del figlio, suo padre si limitò ad allargare le braccia davanti al docente, esclamando: «Che cosa vuole che io faccia? Lo ammazzi!», al che la discussione finì lì[53].

Le istituzioni scolastiche si legarono però al dito il

---

[51]LILIN *Putin*, cit., pp. 49-50.
[52]LILIN *Putin*, cit., p. 50; SANGIULIANO, *Putin*, cit. pp. 18-19.
[53]SANGIULIANO, *Putin*, cit. p. 19.

riprovevole comportamento del giovane allievo, così per punizione lo esclusero dai Giovani Pionieri, un'organizzazione che inquadrava i ragazzini dai 10 ai 14 anni, una sorta di scoutismo con cui il Partito Comunista si occupava di trasmettere alle nuove generazioni le dottrine marxiste-sovietiche; non poté così esibire al collo, come la maggior parte dei suoi coetanei, il fazzoletto rosso con il ritratto di Lenin[54].

*

* *

Le tre "agenzie educative" (per prendere a prestito un'espressione tipica della pedagogia) che esercitarono il maggior peso sul giovanissimo Putin furono senz'altro la madre Maria, la scuola e la strada, con una predominanza di quest'ultima. «La strada», osserva con acume Nicolai Lilin, «obbligava i giovani ad essere forti e a difendersi da soli, ma trasmetteva loro anche il senso dell'unità, garantiva sicurezza e sostegno nei momenti più estremi»[55].

I ragazzi che vivevano nei caseggiati fatiscenti si riunivano in bande, delimitavano i loro territori, pattugliavano i vicoli per evitare intrusioni di gang rivali e spesso e volentieri venivano alle mani, e Putin (che all'epoca i compagni chiamavano "Volodja") non era di certo uno di quelli che si tiravano indietro. L'amico d'infanzia Viktor Borisenko ricorda: «Se qualcuno lo insultava in qualsiasi modo, Volodja gli saltava subito addosso, lo graffiava, gli strappava i capelli a ciocche, lo mordeva, faceva di tutto per non permettere che nessuno lo offendesse in alcun modo»[56]. Ricordando quel periodo Putin dice: «Sono passato da "università di strada" molto impegnative, ho ricevuto lezioni che mi hanno permesso di trarre conclusioni utili

---

[54]SANGIULIANO, *Putin*, cit. pp. 19-20.
[55]LILIN *Putin*, cit., p. 50.
[56]SANGIULIANO, *Putin*, cit. p. 18.

per la mia vita. Non si può offendere una persona senza motivo, non ci si può comportare con arroganza e disprezzo. (...) Indipendentemente dal fatto che tu abbia ragione o torto, devi essere abbastanza forte da poter rispondere adeguatamente. E devi sempre rispondere, se ti hanno offeso. (...) Meglio non cercare lo scontro senza estrema necessità, ma se il guaio capita bisogna agire come se non ci fosse una via di fuga. Non bisogna mai cercare di intimorire qualcuno a parole, semplicemente agire con la forza»[57].

Bisogna ammettere che, a parte le origini sociali agli antipodi, le esperienze di Cesare e di Putin nei bassifondi delle rispettive metropoli si assomiglino davvero molto, ed è possibile che abbiano contribuito a modellare e temprare i caratteri d'acciaio dei due uomini di Stato.

L'insegnante Vera Gurevič prese in carico il giovane Putin allorché passò dalle elementari alle medie; aveva fondato una sorta di "circolo" della lingua tedesca come attività extrascolastica, per capire chi fossero gli alunni più volenterosi della classe: con grande sorpresa delle sue ex maestre elementari, Vladimir si iscrisse al corso, mostrando intelligenza, carattere e potenzialità. Anni dopo Vera ebbe a dire: «Vladimir arrivò da solo alla consapevolezza che per raggiungere qualche obiettivo nella vita era necessario impegnarsi a scuola. Già in seconda media era cambiato notevolmente, in senso positivo»[58].

*

* *

Vi era una via di Leningrado, Liteinij Prospekt, al cui numero civico 4 si trovava un edificio grigio, anonimo, costruito nel 1931, affiancato da due torri a nove piani e con un corpo centrale dalle grandi vetrate e dall'imponente ingresso principale

---

[57]LILIN *Putin*, cit., pp. 50-51.
[58]LILIN *Putin*, cit., p. 52.

bordato da una cornice di marmo. Si trattava della sede cittadina del KGB, il temutissimo servizio segreto sovietico, e la gente cercava di non camminare sul marciapiede dirimpetto ad essa, tant'era il timore di essere arrestati per un qualunque motivo politico e trascinati nelle segrete di quel palazzone, dove avvenivano torture ed esecuzioni sommarie.

La guardia in uniforme seduta dietro alla scrivania d'ingresso rimase perciò molto stupita nel vedere un giovane adolescente biondo entrare con sicurezza dall'ingresso e puntare dritto verso di lei. Era il giovane Vladimir Putin.

Putin era stato conquistato dalla lettura del libro di spionaggio *Lo scudo e la spada* (emblemi, tra l'altro, del KGB), di Vladimir Basov, da cui sarebbe stata poi tratta una miniserie televisiva, che raccontava le imprese di un agente segreto sovietico infiltrato nella Germania nazista. Così egli stesso racconta tale vicenda: «Capii che volevo entrare nelle strutture di spionaggio anche se questo sembrava impossibile, come viaggiare su Marte. Come tutti i ragazzi avevo letto libri e visto film sul tema ed ero rimasto impressionato da *Lo scudo e la spada*. Mi avevano colpito le dinamiche del lavoro degli agenti segreti, e come in certe situazioni una persona con le sue sole forze potesse ottenere risultati superiori a quelli di un intero esercito. (…) Avevo fatto la mia scelta».

Vedendolo entrare, la guardia si alzò ed andò verso Putin, al che il giovane gli disse, in modo molto diretto: «Vorrei lavorare qui da voi». L'altro, gli rispose con gentilezza: «Mi fa piacere, però ci sono alcune cose importanti da considerare: innanzitutto non arruoliamo chi si presenta spontaneamente, piuttosto siamo noi a presentarci alla persona che abbiamo scelto e le offriamo di arruolarsi. E poi, prima di arruolarsi, è necessario aver prestato servizio nell'esercito o completare gli studi in qualche università civile». «Che tipo di università?», chiese Putin. «Va bene qualunque!», gli replicò l'altro, ormai un po' scocciato. «D'accordo, ma di preferenza?»., insisté il giovane. «Giurisprudenza», rispose, indicandogli con fermezza la porta.

Putin ringraziò ed uscì, e da quel momento iniziò a prepararsi anima e corpo per la facoltà di giurisprudenza, nonostante l'iniziale ostilità dei genitori a tale scelta. A qualsiasi costo, sarebbe entrato nei ranghi del KGB[59].

---

[59] LILIN *Putin*, cit., pp. 66-69; SANGIULIANO, *Putin*, cit. pp. 37-39; *Platov non ha paura*, in *Il caso Putin*, «Limes», 4/2022, p. 17.

II
Le donne

Ai fini di confrontare e cercare di comprendere meglio la personalità dei due statisti a confronti, è utile tentare di far luce sui loro rapporti con le donne. Iniziamo naturalmente da Cesare, e dalla prima donna della sua vita: sua madre.

Le fonti antiche ritraggono concordemente Aurelia Cotta come una matrona ideale: così la descrivono Tacito e Plutarco, che la descrivono come saggia e attenta[60]. Era senz'altro una donna intelligente, a suo modo indipendente e celebre per la bellezza ed il senso pratico, che le facevano godere di un'ottima reputazione nell'intera Roma.

Aurelia e la sua famiglia rivestirono un ruolo fondamentale nell'educazione dei figli, in particolare di Giulio Cesare, anche perché il marito era morto quando il figlio era a malapena sedicenne. Nell'82 a.C., come abbiamo già avuto modo di vedere, il dittatore Lucio Cornelio Silla ordinò al diciottenne Cesare di divorziare dalla moglie Cornelia Cinna, figlia del popolare Lucio Cornelio Cinna: Giulio Cesare rifiutò fermamente, esponendosi così al concreto rischio della vendetta da parte del dittatore. Aurelia, allora, s'impegnò personalmente assieme al fratello Gaio Aurelio Cotta affinché Silla recedesse dal proposito dal desiderio di castigare suo figlio. A cagione della morte della nuora Cornelia Cinna, avvenuta non molto tempo dopo, ad Aurelia toccò in sorte anche l'incarico di allevare la figlia che costei aveva avuto da Giulio Cesare, Giulia.

Nel 62 a.C., durante i festeggiamenti della Bona Dea (riservata alle sole donne) che quell'anno Cesare organizzò in qualità di pretore in casa propria, la *Regia*, sede del Pontefice Massimo, Publio Clodio Pulcro, amante di Pompea Silla, nuova moglie di Cesare dopo la morte di Cornelia Cinna, s'introdusse

---

[60] PLUTARCO, *Vita di Cesare*, 9, 3.

in casa travestito da ancella: fu scoperto proprio grazie all'intervento di Aurelia e di una delle figlie. Cesare, poco più tardi, si rifiutò tuttavia di testimoniare contro di lui al processo, ma ripudiò comunque la moglie perché, affermò, «la moglie di Cesare dev'essere al di sopra di ogni sospetto»[61].

Sua madre Aurelia fu, nell'età adulta, anche una preziosa confidente ed una consigliera affidabile, a cui Cesare era legato con un rapporto speciale. Quando morì rimase profondamente scosso. Così Mirko Jelusich tratteggia la sua reazione alla notizia della sua morte, recatagli mentre era impegnato nella campagna gallica: «Aspetta il dolore che deve e non vuole venire: ricorda il tormento che gli serrò la gola, che, come una spada, gli trafisse il cuore, quando, giovanetto, apprese la morte del padre; si meraviglia di non sentirlo questa volta. Si stupisce della sua insensibilità, se ne vergogna. (…) Gli torna in mente uno dei primi ricordi: bambino di tre anni, si era smarrito nel giardino di casa; d'improvviso si era ritrovato solo in mezzo a tante cose ignote, minacciose, pieno di una paura che andava sempre crescendo, finché era diventata più forte di lui e si era sfogata nel grido disperato: "Mamma! Mamma!", Gli sembra di udire ancora lo scricchiolio della ghiaia sotto i passi frettolosi; sente ancora le dolci braccia che lo cingono portandolo al sicuro, al di sopra di tutto il male; ode ancora risuonare la voce, calma, profonda, ahimè! tanto consolatrice: "Sciocchino mio, sciocchino mio!". (…) L'alba è sopravvenuta (…), il giorno chiama, chiamano i doveri che esso porta con sé. Cesare si alza, stanco, affranto. "Buonanotte, mamma", sussurra, poi si accorge che ha parlato contro senso».

*

* *

---

[61] PLUTARCO, *Vita di Cesare*, 10.

Il grande successo di Cesare fra il gentil sesso[62] è oramai risaputo, ma Roma non era un luogo in cui, specialmente per l'aristocrazia, fosse difficile sperimentare l'*ars amandi*; è possibile che anche Cesare fra i 20 ed i 30 anni, abbia frequentato prostitute, schiave o altre donne compiacenti. «Svetonio», riporta un recente e attento biografo di Cesare, Adrian Goldsworthy, «racconta che Cesare pagava somme molto alte, talvolta esorbitanti, per comprare schiave fisicamente attraenti, aggiungendo che lui stesso si vergognava di spese così ingenti, e ometteva di annotarle nel suo libro contabile. Nulla, però, viene detto riguardo all'uso che faceva di tali schiave, se cioè esse fossero puramente "ornamentali" o destinate anche a soddisfare i desideri del padrone. Svetonio sostiene che "tutti concordano" nell'affermare che Cesare era "incline alla sensualità e assai generoso nei suoi amori"»[63].

Ad ogni modo, è interessante notare che ebbe, oltre a tre mogli, molte amanti scelte anche fra le consorti e le figlie di avversari politici, di amici e alleati, persino fra le mogli di re stranieri. Nell'83 a.C., come abbiamo già accennato, la figlia del potentissimo Cinna, Cornelia, sposò all'età di tredici anni il diciottenne Cesare e quando il dittatore Lucio Cornelio Silla comandò a Cesare di ripudiarla, egli si rifiutò di farlo e riuscì ad evitare la rappresaglia di Silla grazie all'intercessione di alcuni personaggi particolarmente influenti. Nonostante fosse nato da un interesse politico (come la quasi totalità dei matrimoni fra i membri dell'élite romana), fra i due giovani sposi si istaurò un solido legame affettivo. Cornelia ebbe da Cesare un'unica figlia Giulia, nel 76 a.C., ma poi morì di parto all'età di venticinque o ventisei anni, destino purtroppo comune a molte partorienti di quell'epoca.

Mentre era ancora in vita, Cornelia fu sì intensamente amata, ma nonostante ciò anche tradita, dato che Cesare –

---

[62]JELUSICH, *Caesar*, cit., pp. 254-255.
[63] A. GOLDSWORTHY, *Cesare*, cit., p. 102.

sicuramente con intendimenti politici, ma non per questo meno carnalmente – divenne nel giro di pochi anni l'amante di Postumia, moglie di Servio Sulpicio, di Lollia, moglie di Aulo Gabinio, uomo di fiducia di Pompeo, di Tertulla, moglie del ricchissimo Marco Licinio Crasso, e di Mucia, sorellastra di Nepote e moglie dello stesso generale Gneo Pompeo Magno. Quest'ultimo tradimento (l'ennesimo, a quanto pare) spinse Pompeo a ripudiare la moglie, consentendo a Cesare di combinare il matrimonio della sua amatissima figlia Giulia, utilizzata come pedina politica, con il Magno, conquistatore imbattuto dell'Oriente. Il matrimonio fra il maturo condottiero (aveva cinque anni più di Cesare) e la giovane Giulia, diciassettenne, fu però anche un inaspettato legame d'amore.

Così la brava Colleen McCullough ricostruisce la cena del loro primo incontro: «E proprio mentre lo sguardo di Pompeo si posava sulla porta, la dea Diana entrò nella stanza. Doveva essere Diana! La dea delle notti illuminate dalla luna al primo quarto si muoveva nella sua bellezza argentea con tanta grazia e levità che non produceva alcun suono. (...) Ma questa Diana, ora giunta a metà della stanza, si accorse che lui la osservava e incespicò lievemente spalancando gli occhi celesti.
"Magno, questa è mia figlia Giulia". Cesare indicò la sedia di fronte a Pompeo. "Accomodati là, Giulia, e tieni compagnia al nostro ospite. (...)
Com'era bella, deliziosa, incantevole! Dopo quella piccola incertezza all'arrivo, si comportò come una creatura di sogno, spiegando quali piatti erano cucinati meglio dai loro cuochi, suggerendogli di provare questo o quest'altro con un sorriso privo della minima traccia di timidezza, ma anche del minimo invito sensuale. Pompeo arrischiò una domanda su come impiegava le sue giornate (...). Lei rispose che leggeva libri, andava a passeggiare, faceva visita alle Vestali o agli amici: una risposta data con voce dolce e profonda che evocava immagini

di ali nere contro un cielo luminoso»[64].

Il legame tra i due, al di là dei sentimenti personali, fruttò a Cesare una solidissima alleanza con Pompeo, che durò finché la ragazza non morì di parto a soli ventisei anni, mentre lui era impegnato nell'invasione della Britannia, con sommo dolore sia del padre che del marito.

Goldsworthy, facendo il punto sulle varie relazioni extraconiugali di Cesare, osserva: «non è da escludere che fossero proprio i rischi connessi a questo tipo di avventure a renderle più trasgressive ed interessanti. Si potrebbe anche interpretare il libertinaggio di Cesare da un punto di vista politico: conquistando le mogli di altri senatori, dimostrava la sua superiorità anche in camera da letto, oltre che ne Foro. (…) Le donne che amò furono sedotte dal suo fascino, cui poche potevano resistere quando si trovavano in sua compagnia. Cesare non era il genere di uomo che passava inosservato: si vestiva in modo diverso dagli altri, lanciava mode copiate dai più giovani, curava con estrema attenzione il proprio aspetto e il portamento. Ricevere attenzioni da lui era lusinghiero e, data la fama delle sue conquiste amorose, anche molto intrigante. Quali che fossero le sue motivazioni personali, il successo che ebbe con tante donne lo rese un celebre seduttore. Il desiderio di passare da un'avventura all'altra rifletteva, in parte, l'esuberanza e l'ambizione che caratterizzavano ogni aspetto della sua vita»[65].

Tuttavia la relazione più duratura di Cesare, durata all'incirca vent'anni, fu quella con la bella e potentissima Servilia, che era sia la sorellastra di Catone Uticense, l'irriducibile avversario politico di Cesare, sia madre la di Bruto, uno dei suoi futuri assassini.

Servilia apparteneva ad una delle più influenti famiglie patrizie di Roma; suo padre, Quinto Servilio Cepione, era stato questore nel 100 a.C. e pretore nel 91 a.C. Sua madre, Livia, era

---

[64] C. McCullough, *Le donne di Cesare*, Rizzoli, Milano 1996, pp. 607-608.
[65] Goldsworthy, *Cesare*, cit., pp. 104 e 107.

figlia di Marco Livio Druso, console nel 112 a.C. e sorella dell'omonimo tribuno della plebe del 91 a.C. Da questo matrimonio nacquero presumibilmente tre figli: la nostra Servilia, una certa Servilia Minore che, stando a Plutarco, sposò Lucio Licinio Lucullo, console nel 74 a.C., e che fu poi da costui ripudiata a motivo della sua cattiva condotta, ed infine un Quinto Servilio Cepione, questore nel 67 a. C.[66]

Nel 98 a.C. Livia, madre di Servilia, divorziò da Cepione e sposò Marco Porcio Catone. Dal loro matrimonio nacquero altri due figli: il già citato Marco Porcio Catone, detto l'Uticense, e Porzia, fratellastri di Servilia. Ben presto sia la madre che il patrigno persero la vita e Servilia fu allevata ed educata nella casa dello zio Marco Livio Druso, insieme a Catone e Porzia[67]. cui Catone era già ospite dello zio).

Poco prima di compiere quattordici anni, Servilia aveva sposato Marco Giunio Bruto, tribuno della plebe nell'83 a.C. e dal loro matrimonio nacque Marco Giunio Bruto, il futuro cesaricida. Il marito di Servilia appoggiò il tentativo di Lepido di rovesciare il governo sillano ma nel 78 a.C., assediato dalle forze repubblicane, morì per mano di Pompeo nel Nord Italia, evento che fece crescere in Servilia ed in suo figlio Bruto un sordo odio nei confronti di Pompeo.

Poco tempo dopo, Servilia sposò Decimo Giunio Silano, pretore nel 67 a.C. e console nel 62, assieme a Lucio Licinio Murena. Ebbero tre figlie e la madre cercò di procurare loro un matrimonio conveniente: Giunia Prima sposò Publio Servilio Vatia Isaurico, console nel 48 a.C.; Giunia Seconda sposò il triumviro Marco Emilio Lepido, mentre Giunia Terzia o Tertulla andò in sposa a Gaio Cassio Longino, altro futuro cesaricida.

Cesare e Servilia divennero amanti ancora in giovane età e, come sottolinea Svetonio, «Cesare amò Servilia, la madre di

---

[66] PLUTARCO, *Vita di Lucullo* 38, 1; *Vita di Catone Uticense*: 24, 4 .
[67] PLUTARCO, *Vita di Catone Uticense* 1, 1-2 .

Marco Bruto, sopra di ogni altra».[68] La loro relazione ebbe sicuramente a consumarsi durante il matrimonio di Servilia con Decimo Giunio Silano, ma è quasi certo che essa nacque in un'epoca precedente ai due matrimoni della donna. Ad ogni modo, furono ininterrottamente amanti per un intero ventennio[69].

La relazione tra Cesare e Servilia, sebbene molto chiacchierata, era di pubblico dominio. Nelle *Vite* dedicate a Bruto e a Catone l'Uticense Plutarco racconta, difatti, che il 5 dicembre del 63 a.C., durante un acceso dibattito in Senato intorno allo spinoso affare della congiura ordita da Lucio Sergio Catilina, Catone e Cesare fossero in piedi in qualità rappresentanti di due fazioni opposte: Catone era il più infervorato nel proporre la pena di morte ai congiurati, mentre Cesare invitava alla prudenza, pronunciando a tal proposito una memorabile orazione. In quel momento, fu recapitata una lettera indirizzata a Cesare e Catone lo accusò di ricevere informazioni e messaggi da parte dei nemici della Repubblica. Cesare si limitò a sorridere e a porgere la lettera a Catone, che poté leggere un audace messaggio amoroso di sua sorella Servilia rivolto a Cesare. Catone, infuriato per la doppia umiliazione, lanciò la tavoletta a Cesare e disse: «Tieni, ubriacone!»[70] (accusa gratuita, in quanto Cesare, notoriamente, era pressoché astemio).

---

[68]Svetonio, *Vita del Divo Giulio*, 50.

[69] Dato il gran numero di doni costosi fatti da Cesare a Servilia ed il fatto che, nel 44 a.C., le aveva donato molti possedimenti confiscati, facendole aggiudicare ad un prezzo bassissimo immense proprietà messe all'asta, si sparse la malalingua secondo cui, essendo col tempo la donna troppo invecchiata, sarebbe riuscita a farsi sostituire dalla figlia Terza, in modo da mantenere solidi legami con il l'uomo più potente di Roma. Stando a Svetonio, anche Cicerone avrebbe raccolto tale pettegolezzo, osservando sarcastico che per Servilia «la spesa fu ancora più esigua, perché è stata dedotta la Terza parte», ossia la terza parte della somma; Cicerone giuocava tuttavia sull'ambiguità del termine, facendo un chiaro riferimento a Giunia Terzia o Tertulla: si diceva infatti che anche la terza figlia di Servilia fosse figlia di Cesare.

[70]Plutarco, *Vita di Bruto*, 5, 3-4; *Vita di Catone l'Uticense*, 24, 1-3.

51

Nel 60 a.C. circa il marito di Servilia morì, ma lei decise di non risposarsi e di portare avanti la relazione con Cesare, cercando di sfruttare a proprio vantaggio la sua posizione per sostenere la carriera di suo figlio Bruto. Aveva infatti concepito l'idea che Bruto dovesse sposare Giulia, la figlia di Cesare, ma quest'ultimo aveva bisogno di sancire l'alleanza con Pompeo e così, come abbiamo già avuto modo di vedere, Giulia convolò a nozze (peraltro felici) con il conquistatore dell'Oriente. Ciò deluse alquanto Servilia e probabilmente fu questo il motivo per cui Cesare le fece dono, durante il suo primo consolato (59 a.C.), di una bellissima perla dal valore di sei milioni di sesterzi.

Durante la Guerra Civile scoppiata fra Cesare e gli Ottimati, che avevano il loro campione in Pompeo, Bruto si schierò con i repubblicani e combatté a Farsalo, battaglia che segnò la disfatta di Pompeo e della sua fazione, nonché la più sfolgorante vittoria di Cesare (48 a.C.) .

Dopo la sconfitta Bruto raggiunse mestamente Cesare che, nonostante il tradimento, nutriva nei suoi confronti un certo affetto e simpatia e gli concesse generosamente il proprio perdono. Infatti, secondo Plutarco, Cesare diede addirittura disposizioni ai generali del suo esercito di non ucciderlo in battaglia e di risparmiarlo[71]. Tale decisione fu certamente ispirata dalla volontà di compiacere Servilia e di non arrecarle inutilmente un dispiacere mortale, nondimeno Appiano riporta una voce secondo cui Bruto sarebbe stato in realtà figlio di Cesare[72]. Plutarco non si esprime sulla veridicità di questa *vox populi*, accontentandosi di annotare che la nascita di Bruto aveva insinuato «in Cesare la convinzione che il piccolo fosse suo figlio»[73], giacché proprio in quel momento la relazione fra lui e Servilia era ai massimi storici.

---

[71] PLUTARCO, *Vita di Bruto*, 5, 1.

[72] APPIANO, *Guerre Civili*, II 112, 468 ; è una voce attorno a cui Vittorio Alfieri ha intessuto l'intreccio del suo dramma *Bruto Secondo*.

[73] PLUTARCO, *Vita di Bruto*, 5, 2 .

Quel che è certo è che Bruto e Cesare non soltanto si riconciliarono, ma che al figlio della sua amante vennero assegnati incarichi di un certo prestigio, come quello di governatore della Gallia Cisalpina.

*
* *

La relazione più famosa di Cesare fu tuttavia quella con la poco più che ventenne Cleopatra, giovane e sensuale pretendente al trono d'Egitto, il maggiore fra i regni greco-macedoni superstiti nati dalla frammentazione dell'immenso impero nato dalle conquiste di Alessandro Magno.

Per costringere i due pretendenti al trono egizio – vale a dire Cleopatra ed il fratello Tolomeo XIII – a mettersi attorno ad un tavolo di trattative ed accettare il suo arbitrato, Cesare aveva però bisogno che anche Cleopatra si presentasse a palazzo, ma poiché la giovane regina (aveva allora appena 21 anni) non osava né mettersi nelle mani di Achilla, generale e consigliere del fratello Tolomeo – che l'avrebbe di certo fatta eliminare, né fidarsi di lui affinché le concedesse una scorta sicura attraverso le linee nemiche, Cesare si trovava in grosse ambasce.

Ma questa situazione fu risolta grazie all'ingegnosità e all'audacia della stessa Cleopatra. Ritenendo che solo presentandosi di persona per perorare la sua causa di fronte all'arbitro romano poteva avere una probabilità di recuperare il trono paterno, decise di fare carte false pur di introdursi a palazzo. Prese dunque, nella prima settimana di ottobre, una nave a Pelusio, fortezza che era la porta orientale egizia – giunta ad una certa distanza da Alessandria, salì su di una barchetta accompagnata solo dalla fidata guardia del corpo, Apollodoro, nativo della Sicilia.

Con il favore del crepuscolo (era la sera del 15 ottobre del

53

47 a.C.)[74], i due si insinuarono a forza di remi nel Porto Grande e, giunti presso il molo del palazzo, ordinò ad Apollodoro, affinché gli sgherri del fratello non la riconoscessero, di farla entrare in un sacco di canapa di quelli in cui di solito si ripongono coperte o tappeti (un'errata traduzione del testo greco delle fonti antiche ha fatto ritenere a molti che fosse stata arrotolata in un tappeto).

Appena giunti a terra, Apollodoro mise una cinghia attorno al sacco con all'interno la regina, se lo caricò sulle spalle massicce per poi incamminarsi verso il palazzo; superò i controlli delle guardie con qualche lauta mancia e raggiunse gli appartamenti di Cesare con la scusa di dovergli portare un dono[75].

All'interno delle sue stanze Cesare passeggiava, leggermente inquieto, tenendo le mani dietro alla schiena e osservando il cielo stellato al di fuori delle grandi finestre, incorniciate da eleganti colonne in marmo striato. Indossava la corazza anatomica in bronzo lucidato, il gonnellino in cuoio borchiato e il *paludamentum*, il grande mantello rosso, emblema del suo grado di comandante. L'ufficiale di guardia lo chiamò all'improvviso, avvertendolo che aveva visite: si trattava di un uomo di grossa corporatura e abbronzato, forse uno schiavo, che recava sulla spalla un grande sacco.

«Dice che ha un dono per te, Cesare», gli spiegò l'ufficiale romano.

Cesare scrutò il sacco, riducendo gli occhi a due fessure e domandando direttamente al nuovo venuto: «Che cosa porti là dentro?».

«Un tappeto assai prezioso, un omaggio di re Tolomeo per il grande Cesare», rispose l'uomo, abbassando leggermente

---

[74] Allulli, *Giulio Cesare*, cit., p. 292 (per la data dell'incontro); A. Angela, *Cleopatra*, Rai Libri/Harper Collins, Roma-Milano 2018, p. 184.
[75] P. Liverani, *Cleopatra a Roma*, in G. Gentili (a cura di), *Cleopatra. Roma e l'incantesimo dell'Egitto*, Skira, Milano 2013, pp. 45-49.

lo sguardo a terra.

Cesare inarcò un sopracciglio, dubbioso, quindi guardò l'ufficiale, come a dirgli silenziosamente: «C'è qualche pericolo?». L'ufficiale fece un cenno negativo. Cesare congedò allora il suo sottoposto, facendo segno all'uomo di entrare nella stanza. «Qual è il tuo nome, schiavo?», chiese il console versandosi da una brocca dell'acqua fresca, aromatizzata con succo di cedro; il vino non era affatto la sua passione, ed inoltre preferiva restare sempre lucido e sul chi va là.

«Apollodoro, mio signore», rispose l'altro, passandosi il carico sopra la spalla e posandolo con estrema delicatezza a terra, «Sono un uomo libero, non uno schiavo. La Sicilia è la mia patria».

«Bene, Apollodoro, uomo libero, apri il sacco e srotola per me questo favoloso tappeto, dunque".

Apollodoro obbedì, sciogliendo cinghie e lacci. Il sacco si aprì e con enorme sorpresa di Cesare ne uscì Cleopatra[76].

«Cleopatra», racconta Eugène Stoffel, generale, storico e grande collaboratore di Napoleone III, ricalcando Cassio Dione, «era allora al culmine della giovinezza e della bellezza. Tutto piaceva in lei: l'armonia delle forme, la grazia delle maniere, persino il suono della sua voce. Il suo fascino era inoltre accresciuto per via delle sciagure immeritate che aveva subìto. Dotata di irresistibili doti di seduzione, ella difese personalmente la propria causa, e guadagnò interamente il favore di Cesare. Per lui non era più questione che di rimettere la regina al potere»[77].

Oscar Wertheimer rincara la dose, aggiungendo: «Per la prima volta Cesare riconosceva in una donna la potenza seducente della grande personalità che sentiva in se stesso. Aveva incontrato il genio e la donna, i due più alti elementi nella vita dell'uomo d'eccezione. Non per questo diventò un tenero

---

[76] E. LUDWIG, *Cléopâtre*, Librairie Plon, Paris 1974, pp. 34-35.

[77] E. STOFFEL, *Histoire de Jules César: Guerre Civile*, II, Imprimerie Nationale, Paris 1887, p. 43.

sognatore, ma pagò tuttavia il suo tributo all'insolito evento. Già in quella prima notte, non c'è dubbio, Cleopatra fu sua»[78].

Benito Mussolini, nel suo dramma *Cesare*, scritto a quattro mani con Giovacchino Forzano, ricostruisce la cena del celebre incontro in modo garbato ma persuasivo[79]:

I legionari hanno le mani alla spada. Si apre una porta nel fondo e appare Apollodoro Siculo con un fardello di tappeti sulle spalle. Ai legionari nel corridoio che vorrebbero contrastare a lui il passo, ripete:

APOLLODORO: Apollodoro Siculo obbedisce all'ordine di Cesare.

Depone con gran delicatezza a terra il fardello; s'inginocchia vicino e guarda Cesare. Pausa. Cesare con un cenno della mano ordina a tutti di uscire. Quando è rimasto solo Apollodoro svolge e apre il fardello e inginocchiata fra sete e drappi appare Cleopatra. Resta in ginocchio, dà un lungo respiro di sollievo anche fisico; come se ora avesse aria sufficiente. Crolla la testa come per rimettersi dallo stordimento. Apollodoro, quando vede che la regina è sana e salva indietreggia ed esce. Ora Cleopatra, sempre in ginocchio, guarda Cesare che la guarda come se fosse nel mondo dei sogni. Dov'è Cleopatra le luci sono spente ed ella e i drappi sono illuminati dalla luna e dai riflessi del muro di mosaico prezioso.

CESARE (*mormora guardandola*): Cleopatra?

CLEOPATRA (*sempre in ginocchio*): Cesare, non è questo un carro da guerra degno di una regina dell'Egitto. Ma credi che il più grande guerriero della terra del Nilo...Ramses III...non ha mai avuto un carro di guerra così incomodo e pericoloso...

Il mattino seguente, Cesare fece chiamare il giovane re per riconciliarlo con sua sorella. Nel vedere sua sorella accanto a Cesare, Tolomeo si infuriò e gridò al tradimento, fuggendo dalla reggia. Secondo Wertheimer tale scoppio d'ira era stato

---

[78] O. WERTHEIMER, *Cleopatra*, Mondadori, Milano 1934, p. 106.
[79] MUSSOLINI, *Cesare*, cit., atto II, quadro IV, pp. 457-458.

aumentato anche dal fatto, ipotizzando: «Forse quei due (scil. Cesare e Cleopatra) non ebbero alcun ritegno, forse Cleopatra mise in mostra la sua intimità con Cesare per menarne vanto e schernir[e il fratello]»[80]. Potrebbe anche essere, ma questo le fonti non lo affermano esplicitamente.

Quel che è certo è che Tolomeo, uscito il strada, gettò via platealmente il diadema reale che gli cingeva il capo, chiamando in soccorso gli Alessandrini e girando a se stesso che non avrebbe mai più cinto la corona finché la sua vendetta non si fosse compiuta. La scena sconvolse gli abitanti della capitale, che iniziarono a tumultuare minacciosamente. «Cesare», osserva giustamente Maffio Maffii, «rimase impressionato dalla facilità con cui gli Alessandrini s'ammutinavano. Non credeva che un popolo così scettico e scanzonato potesse accendersi tanto per un esasperato sentimento d'indipendenza. Li aveva ritenuti gente arguta, ma imbelle. Ora doveva correggere, almeno in parte, la sua opinione. Forse in campo aperto non valevano granché, ma in un movimento di piazza dovevano essere temibili»[81].

La massa scatenata cercò di assalire il palazzo con l'appoggio delle milizie del re; per evitare il peggio Cesare si frappose e tentò di placare gli animi, promettendo che avrebbe rispettato le loro richieste. Come sottolinea Joachim Brambach, «significativo dell'atmosfera che regnava in quei momenti, fu il fatto che Cesare, il quale non si era mai peritato di comparire in mezzo ai tumulti e alle sommosse più violente senza la protezione dei suoi legionari, stavolta preferì prudentemente parlare da un luogo del palazzo che lo poneva al sicuro dagli eventuali attacchi degli Alessandrini»[82].

Convocò subito dopo una riunione a cui invitò Tolomeo

---

[80] WERTHEIMER, *Cleopatra*, cit., pp. 107-108.

[81] M. MAFFII, *Cleopatra contro Roma*, Giunti Martello, Firenze 1985, pp. 74-75; A. SPINOSA, *Cleopatra. La regina che ingannò se stessa*, Mondadori, Milano 2017[4], p. 79.

[82] J. BRAMBACH, *Cleopatra*, Salerno Editrice, Roma 1997, p. 84.

e Cleopatra, e qui diede solennemente lettura del testamento dell'Aulete, loro padre, secondo il quale essi erano obbligati ad esercitare congiuntamente l'autorità regale. Insisté sul diritto inviolabile di regolare la loro controversia come sommo rappresentante del popolo romano ed infine riuscì a combinare una sorta di riconciliazione fra il fratello e la sorella; la mossa vincente nel placare gli animi fu l'annuncio che avrebbe concesso ai due figli del defunto sovrano, Arsinoe e Tolomeo, la signoria sull'isola di Cipro, che era stata annessa in modo brutale ai dominî romani (nel 58 a.C.), costringendone al suicidio il re, fratello dello stesso Aulete. Per Cleopatra, comunque, il primo incontro con Cesare rappresentava senza alcun dubbio uno splendido successo: solo pochi giorni prima la giovane regina, politicamente finita e senza speranze, appariva spacciata, mentre ora sedeva nuovamente sul trono egiziano. Certo, era regina solo grazie al supporto di Cesare, ma proprio per questo era dotata di un potere tale che il suo sposo-fratello e Potino ne parevano eclissati[83] .

Per dimostrare la sua buona volontà, Cesare rinunciò inoltre ad esigere l'intera somma dovutagli da Aulete (1.600 talenti, come ben ricordava Bernard Shaw), limitandosi a richiedere un più modesto versamento di 10 milioni di denari. Non si avvalse inoltre della sua legittima facoltà di reclamare un indennizzo di guerra (avendo gli Egizi parteggiato per Pompeo, concedendo per sovrappiù a suo figlio Gneo una flottiglia di 50 navi ne avrebbe avuto pieno diritto).

Potino però si ostinò ad ordire complotti su complotti per inimicargli re e popolo. Pur avendo benissimo a disposizione i 10 milioni richiesti da Cesare, sottrasse e fece fondere il prezioso vasellame da tavola di Tolomeo, sostituendolo con ciotole di legno e stoviglie in terracotta; quando il giovane monarca se ne lamentò, gli spiegò che ciò avveniva a causa delle esose richieste

---

[83] A. WEIGALL, *Cleopatra*, Edizioni del Borghese, Milano 1963 , p. 117; BRAMBACH, *Cleopatra*, cit., p. 84.

di Cesare («Il tesoro del Re è povero», diceva l'astuto ministro nella *pièce* teatrale di Shaw). Stessa scena si ripeté con la spoliazione – superflua – dei tesori custoditi nei frequentatissimi templi della capitale, con conseguente malcontento dei cittadini.

Potino scrisse inoltre ad Achilla che, dato che ormai Cleopatra era in città, lasciasse a Pelusio forze sufficienti a sorvegliare la frontiera e di rientrare alla capitale con il grosso dell'esercito, gabiniani in testa. Bisognava decidersi a sopprimere Cesare com'era stato fatto per Pompeo. In caso di buona riuscita, il ministro prometteva forti ricompense per il generale egizio. Una seconda lettera, inviata da Potino per indurre Achilla a fare più in fretta, recitava[84]: «Cleopatra ha invaso la casa. L'empia sorella è ormai moglie di Tolomeo. Empia, perché s'è data in precedenza al generale romano. Cesare s'atteggia a protettore degli sposi e, senza averne l'aria, tiene in pugno l'Egitto. Non mi stupirei che la regina, palleggiata da Cesare, chiedesse al giovincello le nostre teste. Tolomeo è rintontito dagli avvenimenti di questi giorni e mi sfugge di mano: potrebbe strappargli il consenso. Fai presto, non c'è tempo da perdere!».

Ma il caso volle che il soldato-barbiere di Cesare, bazzicando nello studio di Potino, riuscì a mettere gli occhi sulla lettera. Mentre si festeggiava a palazzo lo sposalizio di Tolomeo e di Cleopatra, il barbiere si avvicinò a Cesare egli parlò all'orecchio, informandolo della cosa. Temendo di essere avvelenato, Cesare accettò cibo e bevande solo dai suoi uomini ed al contempo istituì attorno a Potino un servizio di controspionaggio, facendo sorvegliare gli appartamenti di Tolomeo dai suoi legionari. «Quanto alla regina», dice Maffii, «per la quale il matrimonio era stato una semplice formalità giuridica, una questione d'etichetta, ella continuava a trascorrere le sue notti, non nell'alloggio del fratello-consorte, ma in quello

---

[84] WEIGALL, *Cleopatra*, cit., pp. 117-118; MAFFII, *Cleopatra contro Roma*, cit., pp. 75-76.

del generale romano»[85].

Potino spinse ancora di più la situazione verso una rottura irreparabile: distribuì grano guasto ai Romani per irritarli ed eccitò il fanatismo del popolino sottolineando la prepotenza degli occupanti. Così, quando l'esercito egiziano – i cui effettivi superavano di ben cinque volte le truppe cesariane –, comandato da Achilla, apparve in vista delle mura, l'agitazione della cittadinanza si fece violenta[86].

Il rischio maggiore per Cesare era costituito da un possibile blocco del Porto Orientale di Alessandria, cosa che gli avrebbe precluso, con conseguenze disastrose, il collegamento con il Mediterraneo ed ogni possibile via di fuga. Tra l'altro nel porto erano alla fonda, oltre alle 50 navi che gli Egizi avevano messo precedentemente a disposizione di Pompeo, altri 22 vascelli da guerra; se gli Alessandrini fossero riusciti ad impadronirsi di questa flotta, avrebbero potuto facilmente impedire ogni aiuto per Cesare proveniente via mare; così Napoleone – che ben conosceva i luoghi per esperienza diretta – tratteggia un rapido schizzo geografico e militare della situazione[87]: «Le due legioni di Cesare ed il corpo di cavalleria con cui entrò in Alessandria erano costituiti da soli 5.000 uomini. Le dieci galere montate da 4.000 uomini. Erano forze poco considerevoli per combattere contro un grande re e sottomettere una città come Alessandria. (...) Tutte le piante disegnate dai commentatori per illustrare gli eventi sono false. Alessandria aveva due porti, allora come ora: il porto Nuovo, occupato da Cesare, la cui entrata è difesa dalla torre del faro, ed il Porto Vecchio, occupato dagli Alessandrini. Quest'ultimo è in realtà

---

[85] MAFFII, *Cleopatra contro Roma*, cit., p. 76.

[86] MAFFII, *Cleopatra contro Roma*, cit., p. 78; I. ISENBERG, *Giulio Cesare*, Mondadori, Milano 1965, p. 120.

[87] BRAMBACH, *Cleopatra*, cit., p. 89; NAPOLEONE I, *Le guerre di Cesare*, Salerno Editrice, Roma 1999, p. 127 (il Marabon è la spiaggia sabbiosa presso la Torre di Marabou, nel Porto Eunosto – o "del buon ritorno" – di Alessandria, corrispondente all'antico Capo del Chersoneso).

una grande rada e non assomiglia per nulla al primo (che è circondato dalle strade della città): forma un arco del diametro di 6.000 tese fino al Marabon. La città di Alessandria non si estendeva, dal lato di ponente, che per un terzo di questa distanza».

Cesare comprese che bisognava agire senza indugio e – facendo appello alla sua consueta e prodigiosa energia e alla prontezza nelle decisioni – ordinò di arrestare Potino, fortificò le postazioni difensive della reggia e delle sue immediate vicinanze e sperò che, tenendo il re vicino a sé, il popolo ritenesse che Achilla agiva di propria iniziativa, senza il consenso di Tolomeo.

Achilla, che si aspettava una vittoria facile, investì con le sue truppe, ma i picchetti e le barricate collocati preventivamente da Cesare nei stretti punti d'accesso al complesso residenziale via terra respinsero senza soverchie difficoltà gli assalitori; questi ultimi, in parte Greci di Alessandria dalle armature macedoni ed in parte Romani delle legioni gabiniane, combattevano però secondo lo stesso stile dell'esercito dell'Urbe e non erano affatto l'accozzaglia di barbari orientali che ci si sarebbe aspettati, come erroneamente pensa Brambach, che li definisce «un'armata di desperados»[88].

Achilla non si diede infatti per vinto e decise di attaccare il Porto Grande: se ne fosse impadronito, oltre a bloccare le linee di comunicazione di Cesare e privarlo dei vitali vettovagliamenti, avrebbe messo le mani sulle cento imbarcazioni che vi erano all'àncora, a disposizione dei Romani. Si ingaggiò una lotta disperata; Achilla non trascurò nessuno sforzo per bloccare ai Romani le vie d'accesso ai moli, ma alla fine la disciplina e l'abilità tattica dei legionari ebbero la meglio sul grande numero di nemici, e dovette desistere.

---

[88] T. Rice Holmes, *The Roman Republic and the Founder of the Empire*, III, Clarendon Press, Oxford 1923, pp. 186-187; N. Sekunda, *The Ptolemaic Army under Ptolemy VI Philometor*, Montvert Publications, Stockport 1995, p. 9 (per le corrispondenze fra i gradi dell'esercito romano e quello tolemaico); Brambach, *Cleopatra*, cit., p. 88.

Achilla ordinò allora di far salpare le navi egizie da guerra che stavano inerti alla fonda all'interno del porto, mirando con questa mossa a chiudere l'ingresso della rada. Cesare si accorse subito del tentativo: se fosse riuscito, una volta ostruita l'imboccatura, le navi romane si sarebbero trovate imbottigliate nel loro bacino di ancoraggio. Prima però che gli equipaggi egizi riuscissero a salire a bordo dei propri vascelli, gli uomini di Cesare li incendiarono: fu un'orgia di fuoco. Il vento soffiava forte da levante e dal largo, alimentando le fiamme, che – se risparmiarono la flotta romana – divorarono in poche ore gli 80 bastimenti della flotta alessandrina attraccati tra la diga dell'isola di Faro e la riva. La violenza del vento crebbe al punto che le lingue di fuoco si appiccarono furiose agli edifici del lungomare.   Assieme alle navi bruciarono anche parecchie case e un magazzino che conteneva alcune centinaia di libri destinati all'esportazione. Non si trattava dei volumi della celeberrima Biblioteca di Alessandria, che rimase al sicuro dalle fiamme per molti secoli ancora, almeno finché nel 642 d.C. il generale ʿAmr b. al-ʿĀṣ, comandante delle truppe arabe che avevano appena conquistato l'Egitto, strappandolo ai Romani d'Oriente, incendiò la grande biblioteca e tutti i libri in essa contenuti su ordine del califfo Omar[89].

La vastità del rogo, la perdita della flotta, lo spavento della popolazione e l'accanita resistenza dei legionari, indussero gli assedianti ad una tregua momentanea. Cesare ne approfittò per fortificare le difese del teatro adiacente alla diga del porto e inviò dei pressanti messaggi ai suoi ufficiali presenti in Asia affinché affrettassero l'invio di rinforzi via terra e via mare. Potino, che non aveva rinunciato a ordire i propri intrighi, inviando dei messaggi segreti ad Achilla, in cui lo incitava a colpire i punti deboli del dispositivo difensivo romano, vale a

---

[89] RICE HOLMES, *The Roman Republic...* cit., pp. 187; sulla storia della Biblioteca di Alessandria si veda L. CANFORA, *La biblioteca scomparsa*, Sellerio, Palermo 1986, specialmente pp. 34-85.

dire la diga di un chilometro che collegava l'isola di Faro alla terraferma e l'isola stessa: e l'armata egiziana fosse riuscita a mettere piede su uno qualunque di quei margini del porto, la resistenza dei cesariani sarebbe stata infranta. Achilla compì dunque una serie di estenuanti tentativi e alla fine, con una pervicacia che in altre circostanze avrebbe suscitato la nostra ammirazione, riuscì a posizionare una testa di ponte sulla diga e sull'isola, impossessandosi del faro stesso. La posizione di Cesare cominciò a farsi difficile[90].

Nel frattempo Arsinoe, la bellissima sorella minore di Cleopatra e non meno ambiziosa di quest'ultima, riuscì ad eludere la sorveglianza dei Romani e a fuggire assieme al suo tutore ed eunuco Ganimede presso Achilla, dove fu salutata con entusiasmo dalle truppe tolemaiche in quanto rappresentante legittima della dinastia. La ragazza propose ad Achilla di proseguire la guerra contro Cesare e Cleopatra di comune accordo ma il generalissimo egizio rifiutò di dividere il comando e si mise a spendere e spandere grosse somme di denaro per corrompere ed assicurarsi la fedeltà dei vari ufficiali dell'esercito, cosa che però fece anche Arsinoe, con non minore dovizia di mezzi.

Potino, reso ansioso ed imprudente dal fatto che l'offensiva egizia stava languendo per i litigi fra Arsinoe ed Achilla, inviò nascostamente una missiva di quest'ultimo per sollecitarlo a fare presto, ma – essendo sotto stretta sorveglianza – il messaggio fu intercettato. Cesare, esasperato, lo mise a morte per porre fine una volta per tutte ai suoi pericolosi intrighi, che già erano costati la vita a molti dei suoi uomini, senza contare quella di Pompeo[91].

Frattanto Arsinoe era riuscita ad avere la meglio su Achilla, esautorando e condannando a morte anche questo secondo assassino del Magno e sostituendolo col non meno

---

[90] MAFFII, *Cleopatra contro Roma*, cit., pp. 79-80.
[91] RICE HOLMES, *The Roman Republic...* cit., p. 188.

combattivo ma fidato Ganimede, che assunse il comando supremo dell'armata egizia. Quest'ultimo si diede subito da fare, ordinando di tagliare le condotte d'acqua che alimentavano i quartieri palatino dove stazionavano Cesare e le sue truppe e immettendo acqua di mare nel rimanente acquedotto. I legionari, venendo loro a mancare l'acqua potabile, iniziarono a disperarsi; Cleopatra avvertì però Cesare che nel sottosuolo dei parchi del palazzo i giardinieri reali avevano trovato una volta dell'acqua dolce. I centurioni ebbero l'ordine di iniziare subito lo scavo di pozzi e, dopo aver rimosso terra giorno e notte, l'acqua – limpida e fresca – sgorgò fuori in buona quantità. I soldati di Cesare si rinfrancarono e l'accorgimento di Ganimede poté essere sventato.

Il nuovo generalissimo egiziano, tuttavia, comprese l'importanza di disporre di una flotta in grado di sostituire quella andata perduta nel recente incendio, ragion per cui radunò nel Porto Vecchio o Eunosto, situato dalla parte opposta – come rammentato da Napoleone – del porto Grande tenuto dai Romani, quante più navi poté racimolare dagli scali minori della costa egizia: ce n'erano di vecchie, in parziale disarmo, da carico mercantile. In una parola, non si guardò molto per il sottile, e furono utilizzati persino i galleggianti dei doganieri del Nilo. Soltanto la diga separava i due porti e le due flotte. La guerra ricominciava[92].

In quel mentre era giunta, con vascelli provenienti da Rodi, dalla Cilicia e dalla Siria, una flotta romana guidata da Domizio Calvino, che conduceva con sé, di rinforzo, gli uomini della XXXVII Legione. Egli recava anche la buona notizia che un corpo di spedizione alleato, comandato dal giovane Mitridate di Pergamo (figlio naturale di Mitridate VI Eupatore, il celebre re del Ponto) , era in marcia per via di terra e tra breve avrebbe forzato lo sbarramento di Pelusio[93]. Soffiando però un vento

[92] RICE HOLMES, *The Roman Republic...* cit., p. 187; MAFFII, *Cleopatra contro Roma*, cit., pp. 82-83.
[93] PSEUDO CESARE, *La Guerra Alessandrina*, 1-18; PLUTARCO, *Vita di Cesare*, 39.

sfavorevole, l'Euro, Calvino dovette gettare l'àncora e attendere a lungo in una baia ad ovest del porto di Alessandria, tanto che l'acqua gli cominciò a scarseggiare. Inviò perciò una piccola imbarcazione presso Cesare, informandolo della sua presenza e della condizione in cui versava.

Cesare, per meglio rendersi conto della situazione, salì su un'imbarcazione con pochi soldati e si fece seguire da tutta la flotta, lasciando i legionari a guardia dei trinceramenti che egli aveva costruito nella parte occupata della città e dove i suoi uomini montavano buona guardia contro gli Alessandrini. Ganimede, informato che Cesare aveva preso il mare senza vere imbarcato i propri soldati sulle navi, armò sollecitamente tutte le navi disponibili ed ordinò che si andasse incontro a Cesare, il quale stava rientrando dalla ricognizione e da un rapido *rendez-vous* con Calvino.

Vedendo la flotta nemica schierata davanti a sé, Cesare ritenne opportuno non accettare il combattimento in quelle condizioni, essendo già passato il tramonto: l'oscurità della notte avrebbe infatti offerto troppe felici opportunità ad un avversario che conosceva meglio di lui i paraggi, e laddove – viceversa – i piloti romani avrebbero potuto trovarsi in difficoltà. Inoltre il console non aveva a bordo truppe sufficienti per sostenere validamente l'urto che non avrebbe mancato di essere furioso. Cercò perciò di randeggiare la costa il più possibile, attendendo, con la protezione garantita dall'oscurità, di guadagnare l'alto mare e quindi il suo ancoraggio al Faro.

Tuttavia una nave rodia, uscita un po' troppo dalla formazione delle navi cesariane, fu scorta dagli Egizi, che si lanciarono subito contro di essa per abbordarla; le mandarono incontro quattro navi grosse ed alcune leggere. Vista circondata l'imbarcazione, Cesare non esitò ad accorrere in soccorso dell'imprudente capitano, ed il combattimento venne così ingaggiato contro il suo intendimento iniziale. I Rodii si batterono eroicamente e alla fine lo scontro navale si risolse in favore di Cesare, che catturò agli uomini di Ganimede una quadrireme e ne colò a picco un'altra, mentre altre due persero tutti gli uomini imbarcati. Se non fosse sopraggiunta la notte più profonda, il condottiero romano avrebbe potuto distruggere l'intera flotta che lo aveva imprudentemente assalito.

Frattanto era provvidenzialmente calato il vento e Cesare poté rientrare vittorioso nel porto di Alessandria, portando anche a rimorchio i bastimenti da carico di Domizio Calvino che lo avevano nel mentre raggiunto; i suoi soldati lo acclamarono gioiosi e Cleopatra – che aveva atteso con ansia l'esito dello scontro – lo riabbracciò con ancora più calore e trasporto, dopo essere stata a lungo in ansia sapendolo esposto personalmente[94].

*
*　*

Ganimede non perse tuttavia tempo in vani rimpianti: battuto, non aspirava che a vendicarsi. Abbiamo già visto come la sua frenetica attività di riarmo navale, avesse restituito alla flotta alessandrina ben 22 quadriremi, 5 quinqueremi e un certo numero di piccole navi da cui l'ammiraglio egizio sperava di trarre buon partito.

Ma Cesare, dopo aver ricevuto uomini, macchine e vettovaglie, non se ne stette certo in ozio. La sua flotta non era numericamente considerevole (constava di appena 34 navi, tra cui 5 quinqueremi, 10 quadriremi e altre più piccole), ma il valore degli equipaggi compensava ampiamente il loro scarso numero.

Per sorprendere il nemico con un'azione a sorpresa, fece perciò levare l'àncora e si mosse verso levante, per girare intorno al Faro e portarsi all'imboccatura del porto di Eunosto, dove gli

---

₉₄ STOFFEL, *Histoire de Jules César*, II, cit., p. 55; A. JAL, *La flotte de César*, Firmin Didot Frères, Paris 1861, pp. 74-75; R. SANDIFORD, *Le azioni di Cesare sul mare*, «Quaderni Augustei», 12, Istituto di Studi Romani, Roma 1938, pp. 28-29; J. ABBOTT, *History of Cleopatra, Queen of Egypt*, Harper & Brothers Publishers, New York 1860, pp. 171-172.

Alessandrini – dietro i bassifondi che rendevano difficile l'accesso ai loro moli – avevano formato un fronte di battaglia su una prima linea di 22 navi da combattimento, mentre una seconda linea era composta da navi ausiliarie. Sulle ali e negli intervalli lasciati fra le navi, erano state posizionate un gran numero di piccole imbarcazioni cariche di materiali infiammabili, per arrecare con esse degli incendi destinati a propagarsi alle navi cesariane e tentare di spaventarne gli occupanti con le grida rauche e selvagge dei loro aguerriti equipaggi.

I piloti delle navi di Cesare, temendo di finire in secca su uno dei bassifondi di cui non erano pratici, restarono per un po' immobili, scrutando gli avversari che se ne stavano a loro volta trincerati dietro questi banchi sabbiosi quasi fossero al riparo di una muraglia.

Per rompere questa situazione di stallo, Eufranore, capo della flotta rodia alleata, si recò da Cesare e i offrì di navigare per primo contro il nemico, di tentare il passaggio e di portare la sfida agli Alessandrini immobili. Cesare lo lodò grandemente e, acconsentendo al suo piano, diede il segnale alle quattro navi rodie di andare avanti. Facendo forza sui remi, esse si lanciarono ed oltrepassarono lo stretto canale grazie all'abilità dei timonieri, indicando così il percorso sicuro ai loro alleati romani.

Appena arrivati, i Rodii furono subito circondati dalle navi egizie ma, investiti, manovrarono così bene da presentare al nemico sempre le loro prue armate di rostri e speroni in bronzo, non perdendo così né remi, né timoni.

Cesare colse la palla al balzo ed ordinò ai suoi piloti di seguire subito le navi di Eufranore e, pur non potendo mantenere la formazione di battaglia prevista, accettò il combattimento a gruppi, o anche nave contro nave. Si susseguì una mischia furibonda ed una reciproca successione di arrembaggi; dopo una lotta lunga e accanita, i Romani ebbero la meglio, catturando agli alessandrini una quinquereme ed una bireme con i loro equipaggi, altre navi vennero colate a picco, senza che Cesare ne avesse perduta nemmeno una. La flotta egizia batté in ritirata e si pose al riparo delle sue torri e delle sue difese, dove il nemico non avrebbe potuto raggiungerla; questo spettacolo grandioso non si era svolto senza spettatori: i cittadini di Alessandria se ne stavano fitti sui tetti delle case ed avevano osservato con attenzione lo svolgimento della battaglia, come fosse una sorta di compensazione alla mancanza di giuochi equestri o gare canore interrotte dalla guerra in corso[95].

Qualche giorno dopo, Cesare fu meno fortunato: nel tentativo di sloggiare il nemico dalla punta occidentale dell'isola di Faro, ancora parzialmente occupata dal nemico, ne prese d'assalto le fortificazioni e si ricongiunse con le sue forze attorno al monumentale Faro, all'estremità orientale. Il suo progetto era di avanzare lunga la grande diga, l'Heptastadion, e di rendersi padrone, occupando contemporaneamente l'isola e il molo, del Porto Eunosto, ad ovest, e di fare finalmente un'incursione su Alessandria da quella direzione. Subì invece un pericoloso rovescio.

Mentre comandava di persona l'attacco all'estremità meridionale dell'Heptastadion, e i suoi legionari si riversavano giù dall'isola e dalle navi alla fonda nel Porto Grande, gli uomini di Ganimede attaccarono all'improvviso e con foga l'estremità settentrionale, e in questo modo circondarono i Romani sulla stretta diga.

Fortunatamente, erano lì ancorate alcune navi amiche che poterono imbarcare in fretta e furia i legionari, mentre il nemico li incalzava da ambo i fronti. Appena a bordo, fecero rotta a forza di remi verso i loro moli sicuri; ma la nave che trasportava Cesare era così sovraccarica di soldati, che questa si rovesciò. Caduto in mare, Cesare tenne levato con una mano un rotolo di documenti (forse il testo manoscritto dei suoi Commentari) e, tenendo tra i denti un lembo del suo splendido paludamentum rosso scarlatto, nuotò tra le placide acque del porto. Dovette immergere

---

[95] JAL, *La flotte de César*, cit., pp. 77-80; SANDIFORD, *Le azioni di Cesare sul mare*, cit., pp. 29-31; WERTHEIMER, *Cleopatra*, cit., pp. 119-120.

numerose volte la testa per evitare i proiettili cagliatigli contro dagli Egizi vittoriosi che, sul molo riconquistato, si abbandonarono a vere e proprie capriole, urlando e vociferando tutti insieme per l'entusiasmo del successo. Raccolto da una delle navi, Cesare riguadagnò il palazzo, avendo però perso il mantello, che gli Alessandrini esibirono come una sorta di trofeo. Aveva perso inoltre ben 400 legionari nello scontro, oltre ad un certo numero di valenti marinai, morti annegati[96].

*

* *

La sconfitta di Eunosto era stata particolarmente grave perché, oltre ad aver restituito fiducia agli Egizi, aveva privato Cesare di circa un decimo delle sue forze terrestri. Pochi giorni dopo, dalle foci del Nilo, gli giunse la sgradita notizia che anche il rodio Eufranore si era fatto sconfiggere in uno scontro navale al cui comando aveva posto il generale Tiberio Claudio Nerone, padre del futuro imperatore Tiberio (14 – 37 d.C.), rimanendovi per di più ucciso. L'unica novità consolatoria era che Mitridate di Pergamo si stava avvicinando inesorabilmente all'Egitto alla testa dei suoi 20.000 uomini, unito a truppe ebraiche (circa 1.500 opliti armati alla greca) guidate dal generale Antipatro, padre di Erode il Grande, e a milizie di Giamblico, figlio di Sampsiceramo, celebre capo arabo di Emesa, in Siria[97].

Gli Alessandrini, nel frattempo, cominciarono a stancarsi delle prepotenze di Arsinoe e del suo generalissimo eunuco e una deputazione di nobili chiese di essere introdotta dal console

---

[96] PLUTARCO, *Vita di Cesare*, 49 (su Cesare che si salva a nuoto); WEIGALL, *Cleopatra*, cit., pp. 123-124.

[97] GIUSEPPE FLAVIO, *Le Antichità Giudaiche*, XIV, 128-136 e 193; A. FREDIANI, *Le grandi battaglie di Giulio Cesare*, Newton Compton, Roma 2007², pp. 223-224; WEIGALL, *Cleopatra*, cit., p. 126 (sui condottieri dell'esercito di soccorso); CANFORA, *Giulio Cesare*, cit., p. 228 e n. 81 (sulla consistenza numerica degli opliti giudei, oscillante tra i 1.500 e i 3.000).

a palazzo reale. I messi gli dichiararono che la cittadinanza era ormai insofferente della tirannia di Ganimede e dei sacrifici che costui pretendeva per continuare la guerra. La città si sarebbe volentieri sottomessa a Cesare, purché Tolomeo potesse riassumere liberamente ed effettivamente il potere[98].

Cesare decise dunque di giocare la carta dell'astuzia e, col proposito di applicare la teoria del *divide et impera* e minare la coesione del campo avversario, proclamò che avrebbe liberato il giovane re Tolomeo. Egli sarebbe stato libero di lasciare il palazzo con tutti i suoi fedelissimi, a patto che non avesse preso le armi contro i Romani. Cesare naturalmente non si faceva illusioni sulle intenzioni pacifiche del ragazzo, ma sperava che tra lui ed Arsinoe – al momento alla testa dell'armata egizia assieme a Ganimede – sarebbero sorti presto attriti e rivalità, com'era tipico fra i dinasti tolemaici.   L'ultimo colloquio che Cesare ebbe con Tolomeo, sottolinea Brambach, «ci offre un esempio brillante dell'arte scenica di entrambi gli attori»[99].

*

* *

«E così [Cesare], dopo aver esortato il re a prendersi cura del regno avito, a risparmiare una patria di grandissime tradizioni, che era stata devastata da tremendi incendi e sciagure, a richiamare in primo luogo alla ragione i suoi cittadini e poi a mantenerveli, a garantire la propria lealtà al popolo romano e a lui stesso, dal momento che gli accordava tanta fiducia al punto di mandarlo presso dei nemici in armi, stringendogli la destra

---

[98] STOFFEL, *Histoire de Jules César*, II, cit., p. 62; RICE HOLMES, *The Roman Republic...* cit., p. 197; MAFFII, *Cleopatra contro Roma*, cit., p. 84.

[99] BRAMBACH, *Cleopatra*, cit., p. 94; cfr. anche ABBOTT, *History of Cleopatra...*cit., pp. 174-175.

70

con la destra, si predispose a lasciare andare questo ragazzo ormai prossimo ad entrare nell'età adulta. Ma il re, educato alle arti della più grande dissimulazione, senza essere da meno dei costumi della sua gente, piangendo prese a pregare Cesare di non lasciarlo andare: infatti – diceva – gli era più grato essere in compagnia di Cesare che non riavere il suo stesso regno. Posta fine al pianto del ragazzo, Cesare, a sua volta commosso, lo congedò rapidamente, dicendogli che se quelli erano i suoi veri sentimenti, sarebbe presto tornato in sua compagnia» (Pseudo Cesare, *La Guerra Alessandrina*, 24, 2-4).

Nel frattempo l'esercito di soccorso guidato da Mitridate e da Antipatro era giunto dinanzi a Pelusio, dove aveva avuto facilmente ragioni della guarnigione lasciata lì a difesa dal defunto Achilla (Antipatro era stato colui che, coraggiosamente, aveva fatto primo irruzione nella piazzaforte, costringendola alla resa); sempre Antipatro, dopo la vittoria, inviò a nome del suo sovrano e sommo sacerdote, l'Asmoneo Ircano II, una richiesta di ulteriori rinforzi agli Ebrei residenti a Menfi ed aveva proseguito assieme a Mitridate la sua marcia in direzione del Delta del Nilo[100].

Tolomeo, dopo aver raggiunto i suoi, secondo quanto aveva previsto Cesare, aveva esautorato Arsinoe e Ganimede ed aveva inviato un grande esercito ad affrontare Mitridate sul Delta, convinto che gli sarebbe stato facile sconfiggere separatamente Mitridate ed impedirgli di ricongiungersi con Cesare: aveva compreso che il contingente alleato di Mitridate ed Antipatro non era così numeroso da poter sostenere da solo, dopo un'estenuante marcia forzata di molte settimane attraverso lande inospitali, l'urto di tutte le milizie reali, composte dalle legioni dei gabiniane e dagli opliti greci.

Cesare decise che era prioritario ricongiungersi ai suoi alleati, pertanto lasciò in porto, attorno alla reggia, navi e coorti

---

[100] GIUSEPPE FLAVIO, *Le Antichità Giudaiche*, XIV, 131-135; CANFORA, *Giulio Cesare*, cit., p. 233.

sufficienti a garantire un minimo d'ordine in città, dopodiché imbarcò le truppe maggiormente agguerrite sulle triremi più veloci e salpò con esse lungo la costa di levante. Durante la notte virò di bordo e all'alba sbarcò alla foce di un braccio del Nilo, risalendo il quale contava di poter operare il progettato ricongiungimento con Mitridate prima che gli Egizi potessero venire a contatto con l'esercito del suo alleato. In questo modo oltrepassò con la manovra la flotta egiziana e dimostrò, incidentalmente, che durante l'intera durata del suo assedio era stato in realtà libero nei suoi movimenti e perfettamente in grado di prendere il mare, se lo avesse desiderato. Come osserva a ragione Maffio Maffii, «Cesare si rivelò anche questa volta un manovratore di genio. Il suo rapido collegamento coi rinforzi provenienti dall'Asia riuscì perfettamente. E riuscì inaspettato»[101].

Da parte sua Mitridate ed Antipatro avevano eretto un accampamento in stile romano Tal-el-Jahoudieh (il "Campo degli Ebrei"), circa 17 miglia a nord dell'attuale Cairo. Vi fu uno scontro con l'avanguardia tolemaica, e quest'ultima fu battuta e volta in fuga. Mitridate inviò un messaggio a Cesare per fargli conoscere la sua esatta posizione, cosicché, in giornata, essi poterono congiungersi con successo. Tolomeo aveva posto il proprio campo sopra un'altura cinta da malsane paludi, da canali e da un ramo del fiume, probabilmente l'attuale Teiriya, a metà strada tra Alessandria e Il Cairo. Vi si trincerò e rimase ad attendere l'arrivo del nemico. Quando (era il 27 marzo del 47 a.C.) si vide attaccato frontalmente e sui fianchi non solo da Mitridate e dagli Ebrei, ma anche dai veterani romani, si accorse solo allora di avere a che fare con le forze asiatiche e con le legioni di Cesare riunite[102].

---

[101] MAFFII, *Cleopatra contro Roma*, cit., p. 85.

[102] RICE HOLMES, *The Roman Republic...* cit., pp. 199-200; ANGELA, *Cleopatra*, cit., pp. 195-196; CANFORA, *Giulio Cesare*, cit., pp. 233-242, specialmente p. 240, dove, in base alle informazioni contenute nelle perdute *Storie* di Asinio Pollione e di Ipsicrate di Amiso, precisa che Mitridate era stato già quasi sopraffatto dagli

Gli Egizi resistettero tuttavia due giorni, favoriti dalla posizione elevata su cui si erano arroccati. Al terzo giorno Cesare, vedendoli impegnati con azioni violente sul fronte e sulle ali, inviò il comandante Decimo Carfuleno (che in seguito, nel 43 a.C., sarebbe morto a Modena combattendo contro Marc'Antonio) alla testa di truppe leggere e con alcuni squadroni di cavalleria ad assalire l'altura alle spalle. Il campo di Tolomeo venne in breve preso d'assalto, e tutti gli occupanti, in preda al panico, si diedero ad una caotica e disordinata fuga. Intrappolati fra il nemico, il Nilo e i canali circondati da canneti, gli Egizi non poterono far altro che tentare la fuga gettandosi in acqua, ma il peso delle corazze trascinò moltissimi di essi sul fondo e ne seguì una vera e propria strage, lo stesso Tolomeo si gettò su una barchetta ormeggiata sulla riva del fiume assieme agli altri, ma la massa dei fuggiaschi che seguivano il suo esempio la fece ribaltare; la pesante corazza d'oro gli impedì di stare a galla, ed in breve sprofondò tra i flutti, annegando. Dietro suggerimento di Cleopatra, Cesare ne fece ripescare ed esibire subito il corpo esanime, per sfatare la diffusa credenza che chiunque scomparisse nell'abbraccio del Nilo avesse conseguito l'immortalità.

Come chiosa Arthur Weigall, «la sua tragica fine, all'età di quindici anni, liberò Cesare da questo dilemma: perdonargli e rimetterlo sul trono a fianco di Cleopatra, secondo le ultime volontà di suo padre, o condurlo a Roma, prigioniero, per farlo mettere a morte, secondo l'usanza, dopo il suo trionfo»[103].

L'unico sopravvissuto dell'infelice consiglio che aveva decretato la morte di Pompeo era, a questo punto, il retore Teodoto; costui, fuggito in Asia Minore, fu catturato nel 42 a.C. dal cesaricida Cassio Longino e, dopo essere stato torturato, venne crocifisso.

Egizi, quando l'intervento di Antipatro e dei suoi Ebrei avrebbe ribaltato le sorti dello scontro.

[103] WEIGALL, *Cleopatra*, cit., p. 128; MAFFII, *Cleopatra contro Roma*, cit., p. 86.

*

* *

Cesare rientrò trionfalmente ad Alessandria il 19 marzo del 47 a.C., alla testa della sua cavalleria vittoriosa. In segno di sottomissione totale i cittadini gli inviarono delegazioni per implorare grazia e misericordia, vestiti a lutto. Arsinoe e Ganimede gli vennero consegnati immediatamente ed egli tornò da Cleopatra a palazzo, accolto da lei come un eroe ed un liberatore.

Una delle prime azioni di Cesare fu quindi di collocare Cleopatra sul trono egiziano, nominalmente come consorte del fratello minore superstite Tolomeo XIV, un pacioso e inoffensivo dodicenne, ma di fatto come dominatrice unica del potente regno.

Gli eventi reclamavano a gran voce la partenza di Cesare dall'Egitto: il partito pompeiano, sotto la guida di Catone, di Scipione e di Labieno, si stava rapidamente riorganizzando in Africa, col supporto di re Giuba; in Asia Minore cresceva in modo preoccupante il prepotere di Farnace, figlio del temuto Mitridate, re del Ponto; nell'Illirico crescevano le velleità espansive di Burebista, re dei Daci e, da non sottovalutare, la crisi sociale in Italia si stava facendo esplosiva, con un Marc'Antonio che, per molti versi, si stava dimostrando inadeguato all'alto ruolo di reggente *de facto* delegatogli da Cesare.

In assenza di Cesare, infatti, Marc'Antonio disponeva di un potere pressoché assoluto e conduceva una vita sregolata, si teneva come amante una ballerina di nome Citeride, trascorrendo il giorno dormendo e la notte in bagordi; si scontrò con bande armate con Dolabella, genero di Cicerone, in pieno Foro, lasciando a terra parecchi morti[104].

Per quanto a noi moderni – specie agli storici di

---

[104] F. SAMPOLI, *Marc'Antonio, l'antagonista di Ottaviano*, Newton Compton, Roma 1989, pp. 108-110.

professione – la cosa possa sembrare incredibile, Cesare decise di ignorare tutto ciò. Infatti, a partire dal 27 marzo del 47 a.C., l'ex console (ormai nominato dittatore), decise di dedicarsi ad un periodo di distensione in compagnia di Cleopatra, regalandosi una sorta di lunga "crociera" sul Nilo. Per cercare di comprendere il perché di questa scelta apparentemente inspiegabile ed in controtendenza con il carattere di Cesare, è bene riportare la riflessione di Alberto Angela, grande narratore di eventi storici[105]: «Questo, sì, fu certamente un evento unico nella storia del Mediterraneo. Due tra le figure più famose della Storia che compiono un viaggio romantico in uno dei luoghi più affascinanti del pianeta. Sembra la pagina di un romanzo. E invece è accaduto davvero. Chiunque sia stato in Egitto sa cosa significhi un tramonto sulle piramidi o sul Nilo all'altezza di Luxor, con il cielo che si tinge di rosso e le barche a vela che scivolano placide sulla sua superficie che sembra uno specchio. Ebbene, immaginate queste atmosfere con Cesare che abbraccia Cleopatra da dietro baciandole il collo. Nessuno scrittore antico ce lo ha mai raccontato, ma possiamo immaginare che sia accaduto spesso».

Napoleone, che pure si impegnato, sulle orme di Alessandro Magno e di Cesare stesso, in una lunga, eroica e a prima vista disperata campagna proprio in quello stesso Egitto (come dopo di lui tenterà di fare Mussolini), giudicò negativamente il tempo "sprecato" dal grande condottiero nella terra dei faraoni. Eppure anche il Bonaparte, durante la campagna egiziana, aveva avuto la sua "Cleopatra" – come ironicamente fu definita – nella persona di Pauline Fourès, bionda e graziosa moglie ventenne di un tenente del 22° Cacciatori, che divorziò da lei dopo una scenata da melodramma e che si installò ufficialmente, a fianco del suo amante, nel palazzo di Elfey Bey, al Cairo. Nel suo saggio sulle campagne

---

[105] ANGELA, *Cleopatra*, cit., p. 200.

cesariane il Bonaparte scrisse tuttavia [106] : «La guerra di Alessandria diede nove mesi di tregua alla fazione di Pompeo, ne riaccese le speranze e la mise in condizione di condurre ancora numerose campagne, cosa che obbligò Cesare, l'anno successivo, a combattere la campagna d'Africa e due anni dopo quella di Spagna. Queste due guerre, nelle quali occorse tutto il suo genio e la sua fortuna per riuscire vincitore, non avrebbero avuto luogo se, allontanatosi da Farsalo, Cesare si fosse affrettato verso le coste d'Africa a prevenire Catone e Scipione oppure se, recandosi, come ha fatto, ad Alessandria, si fosse fatto scortare da quattro o cinque legioni, che poteva trasportare facilmente sulle imbarcazioni di cui disponeva. In mancanza di ciò, poteva appagarsi senza inconvenienti dell'apparente sottomissione di Tolomeo e aspettare l'anno successivo per vendicarsi».

Si trattava, da parte di Napoleone, di un suggerimento strategico tardivo, come sottolinea simpaticamente Luciano Canfora[107]. Così la pensa anche Frediani, secondo cui «Cesare si trattenne per almeno altri due mesi in Egitto, senza far altro che concedere un meritato riposo ai soldati, dare un assetto amministrativo al paese e godersi le grazie della regina»[108]. Ma l'attardarsi di Cesare in Egitto era dovuto anche alla *forma mentis* del condottiero, che non sopportava di lasciare a lungo situazioni in sospeso o di recarsi altrove a combattere senza prima essersi bene assicurato le spalle coperte. Inoltre è bene riportare, al riguardo, anche il ponderato giudizio di Canfora [109] : «Chi giudichi la guerra di Alessandria un "diversivo" poco serio, una distrazione di Cesare, rispetto alla strada maestra della guerra civile, non vede un dato di fatto macroscopico: sia pure rischiando molto, con quel conflitto Cesare ha spostato nella sua

---

[106] NAPOLEONE I, *Le guerre di Cesare*, cit., pp. 125-126; per la relazione tra Napoleone e Pauline Fourès/Cleopatra si veda ROBERTS, *Napoleone il Grande*, cit., pp. 228-229.
[107] CANFORA, *Giulio Cesare*, cit., p. 218.
[108] FREDIANI, *Le grandi battaglie…cit.*, p. 225.
[109] CANFORA, *Giulio Cesare*, cit., p. 243.

"clientela" una pedina importante quale l'Egitto, a lungo infeudato a Pompeo e ai suoi uomini».

È infatti probabile che Cesare pensasse già allora ad assicurarsi una rete di buoni rapporti con i re-clienti orientali in vista della sua futura campagna partica, di cui già allora stava pensando allo svolgimento. Al di là dei sentimenti di affetto verso Cleopatra, inoltre, il viaggio a ritroso sul Nilo rispondeva alle esigenze di Cesare di esplorare e conoscere il paese in cui si trovava. È in fondo lo stesso principio che spinse Napoleone a portarsi appresso, nella sua spedizione egiziana, la folla dei *savants* o studiosi che tanto avrebbero contribuito a svelare il passato e la cultura della terra dei faraoni. Come rammenta Alberto Angela, citando un passo di Lucano, nel corso di un banchetto il condottiero romano confessò: «Non c'è nulla che io vorrei conoscere maggiormente dei motivi – rimasti sconosciuti per un così gran numero di secoli – che provocano le piene del Nilo, e della questione della sua fonte ignota» [110]. Inoltre Cleopatra aveva bisogno di farsi vedere lungo tutto il Paese in compagnia di Cesare, per dimostrare ai sudditi che ora il suo potere era assai più saldo, garantito dall'onnipotente alleato romano.

La "crociera" non fu però affatto un romantico viaggio in solitaria: accompagnata da ben 400 navigli, salpò la nave regale più colossale allora esistente, il *Thalamegos*, lunga quasi 100 metri ed alta 25, vale a dire più di una moderna casa di 7 piani. «Come negli odierni transatlantici», racconta Alberto Angela, «c'erano passeggiate esterne su più ponti. E poi santuari, piccoli giardini, saloni, sale da pranzo, colonnati, imponenti statue dorate. Ovviamente l'arredamento era lussuosissimo: abbondavano l'oro, l'avorio, legni pregiati scolpiti, decorazioni, e forse persino lastre di marmi preziosi. Immaginiamo anche luoghi eleganti per le abluzioni e i bagni. E per finire…una sontuosa camera da letto

---

[110] ANGELA, *Cleopatra*, cit., p. 201.

per i due amanti»[111].

Il *Thalamegos* salpò dal lago Mareotide di Alessandria, dov'era ancorato, risalendo il Delta del Nilo fino a Eliopoli. Qui, dopo aver ammirato le Piramidi e la Sfinge, la regina e il dittatore raggiunsero i templi di Tebe, fermandosi poi a Syene (oggi Assuan), dove lo studioso Eratostene era riuscito a calcolare con un minimo scarto la circonferenza della Terra e dove a Cesare venne forse per la prima volta l'idea di riformare il calendario romano.

Da qui Cesare e Cleopatra fecero tappa all'isola di Elefantina, dove il condottiero ebbe modo di vedere il celebre Nilometro, una struttura composta da una rampa di 52 gradini, con delle tacche lungo le pareti che avevano la funzione di misurare il livello dell'acqua del fiume durante le piene stagionali. Svetonio afferma che, arrivato ai confini dell'Etiopia, Cesare sarebbe penetrato nel paese, se i suoi legionari, esausti, non si fossero rifiutati. In verità, accompagnato da Cleopatra, iniziò una vera e propria campagna di occupazione, ma la stanchezza dei suoi uomini lo dissuase dal proseguire, unitamente alle nuove della riorganizzazione armata dei pompeiani in Africa, sotto la guida di Catone e di Scipione Metello[112].

A queste notizie Cesare non poteva più ritardare la sua partenza dall'Egitto; alla fine di giugno del 47 a.C. si accomiatò da Cleopatra, che in quei giorni si trovava incinta del grande condottiero. Il bambino – alla cui nascita Cesare non avrebbe assistito – venne al mondo nella prima settimana di settembre di quello stesso anno. Il popolo di Alessandria lo chiamò affettuosamente Cesarione (ovvero "piccolo Cesare"), mentre Cleopatra gli assegnò il nome di Tolomeo XV Filopatore Filometore Cesare, volendo palesare pubblicamente la paternità del piccolo[113].

---

[111] ANGELA, *Cleopatra*, cit., pp. 202-203.

[112] M. RIZZOTTO, A. SCHIAVON, F. REGGIO, G. PETRUZZELLI (a cura di), *Caio Giulio Cesare. Opere minori, frammentarie e inedite*, Primiceri, Padova 2022, pp. 368-370.

[113] GRANT, *Cleopatra*, cit., pp. 102-103; L. HUGHES-HALLETT, *Cleopatra*, Sperling

*

* *

Al termine della prima fase della guerra civile (46 a.C.), dopo aver sbaragliato i suoi avversari in Africa, Cesare fece ritorno in Italia.

Il condottiero celebrò in Roma dal 10 settembre al 1° ottobre quattro trionfi, ciascuno in un giorno diverso, per altrettanti cicli di vittorie: su Vercingetorige nelle Gallie, su Tolomeo XIII ed Arsinoe in Egitto, su Farnace nel Ponto e su Giuba in Africa; si presentarono tali successi militari come trionfi su monarchi stranieri, evitando accuratamente di festeggiare le vittorie sui concittadini nella guerra civile.

Vennero sparsi fiori ed incenso in ogni strada; i cortei vennero aperti da senatori ed alti funzionari in toga da parata, seguiti dai suonatori di buccine che annunciavano con le loro fanfare i carri stracarichi di bottino, tra cui 2822 corone d'oro e 65.000 talenti di denaro. Venivano poi le legioni con le loro armature tirate a lucido e le onorificenze conseguite in bella vista. Seguiva poi lo stesso Cesare, in piedi su di un carro trionfale trainato da quattro cavalli bianchissimi, vestito di porpora con un ramo d'alloro tra le mani, ed una corona pure d'alloro a cingergli il capo, tinto di minio. I legionari, come da costume, cantavano versi osceni e canzonatori diretti al loro generale, che ne sottolineavano le intemperanze in ambito amoroso: «Romani, alle mogli state attenti! Noi portiamo il calvo adultero. Hai fottuto in Gallia l'oro che qui in prestito prendesti!».

Nel primo trionfo erano scritti su grandi scudi i nomi delle località delle vittorie, mentre delle statue antropomorfe rappresentavano l'Oceano ed i fiumi oltrepassati. Durante l'ascesa al Campidoglio, meta della processione trionfale, tra i vinti che seguivano il carro del vincitore si trovava l'alto e fiero Vercingetorige, il re degli Arverni sconfitto ad Alesia, che alla

---

& Kupfer Editori, Milano 1999, p. 22.

fine della festa venne ritualmente strangolato nel carcere Mamertino in quanto ribelle e traditore[114].

Il secondo trionfo era quello sull'Egitto. Ad assistervi vi erano degli ospiti d'eccezione, la regina Cleopatra e suo figlio Cesarione, il bimbo di ormai tre anni che la sovrana alessandrina aveva avuto dallo stesso Cesare. Cleopatra, invitata da Cesare, era arrivata a Roma nell'agosto del 46 a.C., il periodo più caldo dell'anno per la città, ma la regina, avvezza al ben più martellante sole egiziano, difficilmente se ne lamentò. Approdata a Brindisi, aveva percorso la Via Appia in direzione dell'Urbe con un seguito numeroso, comprendente il fratello-consorte Tolomeo XIV, appena tredicenne.

Arrivata a Roma, Cleopatra si stabilì nella villa suburbana di Cesare, gli *Horti Caesaris*, non lontani dalla riva destra del Tevere, poco fuori dall'attuale Porta Portese, di fronte ai *Navalia*, il porto fluviale dell'Urbe, che si estendeva sulla sponda opposta del fiume. Oramai l'intera Roma era al corrente della relazione tra Cesare e la regina d'Egitto, ma non tutti l'avevano accolta bene. I Romani, in generale, guardavano con sospetto e con disprezzo tutti gli orientali, accusandoli di essere frivoli, amanti dei piaceri, falsi e bugiardi. La regina stessa veniva sbrigativamente definita "l'Egizia", eppure le feste ed i ricevimenti da lei tenuti nella residenza romana erano molto frequentati e ricercati. Fra i frequentatori della regina vi era pure Cicerone, che scrisse: «Cleopatra mi è odiosa (...). Mi è impossibile parlare dell'alterigia della regina senza provare disgusto»[115]. Probabilmente l'oratore aveva ricevuto un diniego intorno ad una richiesta di libri rari dalla biblioteca alessandrina e, permaloso com'era, se l'era legata al dito. Dal canto suo lo stesso Cesare continuava a vivere in casa con la moglie legittima,

---

[114] L. VINCENTI, *Vita di Giulio Cesare*, Alberto Peruzzo Editore, Sesto San Giovanni (Milano) 1985, pp. 180-185; M. SORDI, *La fine di Vercingetorige*, "La Parola del Passato", 8, 1953, pp. 17-25.
[115] CICERONE, *Lettere ad Attico*, XV, 15, 2.

Calpurnia, ma andava spesso a trovare Cleopatra, stando in intimità con lei e giocando Cesarione, la cui bellezza stava fiorendo.

Nel giorno del trionfo egizio, dunque, tra i prigionieri vennero fatti sfilare in catene dorate l'eunuco-generale Ganimede e la giovane principessa Arsinoe. Cleopatra avrebbe preferito vedere la sorella giustiziata come Vercingetorige al termine della cerimonia, ma Cesare, assecondando la compassione che la sua tenera età e la bellezza avevano suscitato nei Romani, si limitò ad esiliarla ad Efeso, nel recinto sacro del Tempio di Artemide. Qui, alcuni anni dopo, la giovane fu eliminata da Marc'Antonio dietro richiesta della stessa Cleopatra. Il suo scheletro, giunto fino a noi, è stato di recente oggetto di una ricostruzione somatica, che ha permesso di verificare la decantata bellezza della sfortunata e volitiva principessa tolemaica[116].

*

* *

Ma Cleopatra non è stata la sola regina amata con passione da Cesare. Racconta stringatamente Svetonio, nella sua *Vita del Divo Giulio*, 52, che il grande condottiero «*Dilexit et reginas inter quas Eunoen Mauram Bogudis uxorem, cui maritoque eius plurima et immensa tributi, ut Naso scripsit.* (Amò anche delle regine, tra cui la mauretana Eunoe, moglie di Bogud: a lei e a suo marito, come scrisse Nasone, fece molte e larghe donazioni)».

Il succinto e fuggevole accenno di Svetonio – nel passo seguente prosegue, con più dovizia di particolari, a narrare di

---

[116] H. Thür, *The Processional Way in Ephesos as a Place of Cult and Burial*, in «Harvard Theological Studies», 41, 2004, pp. 157-187; M. Spanu, *Appunti sui monumenti funerari intra moenia a Efeso. Aspetti architettonici e urbanistici*, in M. Valenti (a cura di), *Atti del Convegno di studi "Monumenta. I mausolei romani, tra commemorazione funebre e propaganda celebrativa" (Monte Porzio Catone, 25 ottobre 2008)*, Exorama, Roma 2010, pp. 53–66.

Cleopatra – ci lascia alquanto insoddisfatti e con numerosi quesiti aperti: che tipo di rapporti politici e personali ebbe Cesare con Eunoe e suo marito Bogud? In che modo si dimostrò generoso nei loro confronti e per quali fini? Che ruolo giocarono i sentimenti e quale invece la politica in tutto ciò? Ma, sopra ogni cosa, chi era Eunoe?

Le testimonianze antiche siano piuttosto reticenti al riguardo; Svetonio stesso cita come fonte delle proprie notizie (egli era, lo ricordiamo, archivista e segretario imperiale sotto Adriano), un certo Marco Attorio Nasone, altrimenti sconosciuto autore di un libello anticesariano, che tra le altre cose, aveva accusato – senza valide prove – il giovane Cesare di aver partecipato a congiure politiche nel 65 a.C.[117] Allo stato dei fatti non possiamo quindi che procedere con estrema cautela, ricostruendo, con il criterio della verosimiglianza, la misteriosa storia d'amore e di politica che si intrecciò tra il più grande dei condottieri romani e una giovane quanto affascinante e misteriosa regina nordafricana, sullo sfondo della sanguinosa guerra civile che affossò la Repubblica Romana.

Cerchiamo di definire chi fosse anzitutto Eunoe. Svetonio la definisce di stirpe maura (*Eunoen Mauram*) ed è più che probabile che appartenesse ad una tribù di Berberi che popolavano la vasta area che si estendeva dai confini occidentali della provincia romana d'Africa (l'odierna Tunisia) e le propaggini del monte Atlante, zona corrispondente agli attuali Algeria e Marocco. La zona in questione era suddivisa in due distinti regni, la Numidia (ad est) e la Mauretania (ad ovest), il primo dei quali, sotto la guida di re Giuba I, si era schierato con Pompeo nella guerra civile che aveva insanguinato il mondo romano a partire dal 49 a.C. Era stato infatti Giuba ad infliggere ad un luogotenente cesariano, l'ex tribuno della plebe Gaio Scribonio Curione, una severa sconfitta in terra africana, decretandone la morte.

---

[117] SVETONIO, *Vita del Divo Giulio*, 9, 3.

La Mauretania, seppure non insensibile – come vedremo – alle influenze ellenistiche e romane in generale, non era propriamente quel che definiremmo un reame urbanizzato: ancora in epoca imperiale, allorché Caligola la incorporò alle province romane nel 40 d.C., solamente la sua parte più occidentale aveva conosciuto un certo estendersi degli insediamenti urbani e di una discreta viabilità stradale, mentre ad oriente permanevano stanziamenti precari di tribù prive di fisse dimora, allevatori seminomadi e villaggi dall'importanza trascurabile.

Su questo regno, all'epoca in cui Cesare stava lottando per non soccombere alle mire dei suoi irriducibili avversari pompeiani, si erano – non proprio benevolmente – spartiti il potere due fratelli: Bocco (II), con capitale a Jol (la futura Jol Cesarea), che non si era dichiarato sfavorevole alla fazione di Cesare, e Bogud (o Bogude), il cui centro amministrativo si trovava a Tingi[118], che aveva posto anch'egli le sue speranze nei cesariani, con l'aiuto dei quali sperava di conservare ed espandere il proprio potere a spese del fratello. La loro rivalità sarà destinata a durare a lungo, anche oltre la scomparsa di Pompeo e dello stesso Cesare, quando Bogud si schiererà dalla parte di Marc'Antonio e Bocco da quella di Ottaviano, terminando con la morte di Bogud in concomitanza con la battaglia di Azio (31 a.C.). Ma non anticipiamo gli eventi.

Siccome si sapeva che i due re erano disposti ad entrare in relazioni amichevoli con Cesare, per scongiurare ciò Pompeo, nel 50 a.C., inviò presso di loro Fausto Silla con il compito di conciliarli, sperando forse che il ricordo delle relazioni del defunto dittatore Lucio Cornelio Silla col precedente re della Mauritania, anch'egli di nome Bocco, potesse rendere facile la missione.

A dispetto di ciò, nel 49 a.C., i due re si allearono a Cesare anche

---

[118] T. MOMMSEN, *Storia di Roma*, VIII, Dall'Oglio, Milano 1966, p. 147; Tingi – o Tingit – corrisponde all'attuale Tangeri.

in odio a re Giuba di Numidia, amico di Pompeo, e Bocco spalleggiato da Publio Sizio, un capitano di ventura romano che si era rifugiato in Africa perché coinvolto nella congiura di Catilina, saccheggiò Cirta (l'odierna Costantina)[119], evento di cui avremo modo di riparlare. Questa, dunque, la situazione politica in cui Bogud si trovò inizialmente ad operare.

Veniamo ora alla consorte di Bogud, nonché futura amante di Cesare. Eunoe proveniva da una famiglia appartenente ad una tribù aristocratica della Mauretania, che da tempo si era aperta agli influssi della cultura e della lingua ellenica: il nome dato alla fanciulla era infatti puramente greco, ed è plausibile che ella avesse sorelle e fratelli con una simile serie di nomi ellenici, anche se le fonti tacciono al riguardo. È probabile che il clan di Berberi ellenizzati da cui proveniva avesse le proprie sedi principali in uno o più insediamenti stabili sorti attorno a pozzi o polle d'acqua circondati da palmeti e da campi coltivati, da cui era possibile controllare il viavai delle carovane e imporre ad esse una sorta di pedaggio (non sappiamo se in denaro o in natura) ed esercitare al contempo un controllo sulle riottose tribù di Mauri a cavallo che erano disseminate in centri più o meno stabili tutt'intorno. È altresì molto plausibile che lo stesso clan a cui apparteneva Eunoe praticasse l'allevamento dei cavalli ed avesse al proprio servizio fedeli squadroni di cavalleria, atti a supportane le pretese di egemonia su tribù e gruppi rivali tramite rapidi assalti seguiti da altrettanto veloci ritirate, raid a sorpresa, razzie e saccheggi di vario tipo.

La reggia dei nobili che dominavano la tribù doveva essere di modeste dimensioni ma piuttosto sfarzosa, adorna di bottini accumulati da tante scorribande e pedaggi più o meno forzosi: pelli di grandi felini africani, zanne di elefanti, rozze statuette tribali facevano la loro comparsa sulle sue pareti accanto a squisiti dipinti di fattura ellenistica, stoffe e tappeti orientali. Qui crescevano i rampolli della rapace ma pretenziosa

---

¹¹⁹ M.A. Levi, *Bogud*, Istituto dell'Enciclopedia Italiana, Treccani, Roma 1930.

aristocrazia locale, seguiti da precettori greci pagati profumatamente, che li istruivano nelle arti e nel sapere del grande mondo ellenistico creato dalle conquiste di Alessandro Magno. Eunoe era destinata a distinguersi fra tali fanciulli per intelligenza e bellezza fisica, doti che più tardi non poterono restare indifferenti ad una personalità ricercata ed attenta qual'era quella di Cesare.

Nel constatare il consolidarsi della potenza e della ricchezza di tale clan, è naturale che Bogud, nella sua precaria posizione di monarca minacciato da un ingombrante ed ambizioso fratello, abbia cercato innanzitutto l'appoggio delle più influenti tribù maure, vincolandosi ad esse tramite un legame matrimoniale. Eunoe, che gli ambasciatori del re dovettero conoscere prima dello stesso interessato (il quale dovette forse accontentarsi di ammirarne il ritratto e di sentire le entusiastiche descrizioni dei suoi emissari), pareva la candidata ideale: colta, bella e membro di spicco di una delle più potenti tribù berbere della Mauretania, pareva la migliore soluzione per le pretese di Bogud. Se avessimo a disposizione la penna di un Flaubert non esiteremmo a tratteggiarla come egli fece per la protagonista del suo romanzo storico *Salammbô*: «La capigliatura, incipriata di polvere di violette e raccolta sulla testa a forma di torre secondo l'usanza delle vergini cananee, la faceva sembrare più alta. Pendenti di perle intrecciate scendevano dalle tempie fino agli angoli della bocca, rosa come una melograna socchiusa. Sul suo petto, una distesa di pietre luminose scintillava screziata come scaglie di murena. Le braccia, adorne di diamanti, uscivano nude dalla tunica senza maniche, costellata di fiori rossi su sfondo nero. Portava tra le caviglie una catenella d'oro per regolare il passo, e il suo ampio mantello di porpora scura, tagliato in una stoffa sconosciuta, si trascinava a terra dietro di lei, formando una grande onda a ogni suo passo»[120].

Non dobbiamo tuttavia pensare che quello tra Eunoe e

---

[120] G. FLAUBERT, *Salammbô*, Giunti, Firenze 2005, pp. 29-30.

Bogud fosse qualcosa di diverso da un matrimonio politico tra aristocratici altolocati, stipulato per fini squisitamente utilitaristici: Eunoe era bella, certamente, e la cosa non doveva dispiacere al re, ma egli aveva sicuramente a disposizione centinaia di concubine, amanti e schiave docili ai suoi voleri; quel che Eunoe, diversamente dalle altre, poteva garantirgli, era l'appoggio del suo potente clan di appartenenza, in un momento critico in cui la lotta contro Bocco e i suoi alleati romani doveva richiedergli il maggiore degli sforzi.

Dopo la celebrazione del matrimonio, Eunoe assunse il titolo di regina e si trasferì nella reggia del marito a Tingi, con cui condivise il talamo e le responsabilità di governo: pare infatti che la giovane donna non fosse un docile strumento del sovrano, ma avesse idee ben chiare sul suo ruolo di governante, idee che gli eventi successivi misero ben presto in luce.

*
* *

Non sappiamo in che misura, ma anche Bogud dovette aver supportato Cesare in questi difficili momenti, forse con azioni diversive contro Giuba, al pari di Bocco, o forse inviando cavalleria leggera o denaro al campo cesariano. Fatto sta che lo stesso Cesare (quando esattamente lo ignoriamo, forse prima della fatidica giornata di Tapso) ritenne opportuno ricompensarlo per l'alleanza e fargli visita a Tingi, sua capitale, al fine di rendere tangibile la propria riconoscenza e legarlo ancora più a sé in vista di futuri scontri con gli ultimi, irriducibili pompeiani.

Eunoe fece probabilmente notare a Bogud che quella visita avrebbe costituito per loro un'irrinunciabile opportunità per rinsaldare – e forse anche ingrandire – il loro dominio sulle Mauretania occidentale, e non lasciare a Bocco tutto il merito di aver sostenuto Cesare contro i seguaci di Pompeo.

Bogud conosceva bene la fama di *tombeur des femmes* di

Cesare, ma anche quanto il grande condottiero fosse esigente al riguardo: schiave e concubine non erano disdegnate dal conquistatore delle Gallie come fugaci avventure, ma per indurlo a concedere il suo appoggio al re contro rivali e detrattori ci voleva ben altro, specialmente dopo l'affascinante interludio di Cleopatra: chi non era infatti al corrente della romantica crociera sul Nilo che essi avevano compiuto in mezzo ad uno sfarzo inaudito? Oltretutto la regina d'Egitto aveva dato a Cesare anche un figlio, il piccolo Cesarione, per cui il loro legame politico (e affettivo) era divenuto straordinariamente forte.

Bogud non poteva naturalmente competere con le ricchezze dei Tolomei in quanto ad accoglienza, ma aveva una carta da giocare di valore indiscutibilmente alto: sua moglie Eunoe.

Non dobbiamo scandalizzarci per quest'uso (o abuso) delle consorti nello stringere e facilitare alleanze politiche o militari: nel mondo dell'aristocrazia romana esso era piuttosto diffuso, e non vi sottrasse nemmeno un individuo integerrimo e noto per la sua morigeratezza, vale a dire Catone l'Uticense, acerrimo avversario di Cesare.

Cesare dovette incontrare Eunoe a Tingi, nella reggia di Bogud, nel corso di un banchetto che il monarca aveva organizzato per accogliere l'illustre ospite e ristorarlo dalle fatiche della guerra. Come luogo del *rendez-vous* il re scelse con ogni probabilità una sua reggia fortificata, onde garantire una certa sicurezza al generale romano, situata in una zona il cui verde poteva portare un minimo di frescura. Si sarebbe parlato delle future azioni militari comuni, di accordi politici e affaristici e di altre questioni di Stato.

Cesare giunse con una piccola scorta – essendo accolto da un sovrano amico e bendisposto non aveva bisogno di grandi spiegamenti di truppe – preceduto dai littori che la sua carica gli metteva a disposizione e seguito da una discreta turma di cavalleria, tra cui spiccava il capace Sizio, che avrebbe oramai preso il posto del traditore Labieno, quale braccio destro di

Cesare (non è escluso che fosse stato lo stesso preoccupato Bocco a mettere Sizio alle calcagna di Cesare, onde controbilanciare l'influenza di Bogud e di sua moglie). Il re, in deferente attesa del generale romano a poca distanza dalla reggia assieme ad un'adeguata scorta di maggiorenti, fidati mercenari e cavalieri, accolse Cesare con tutti gli onori possibili, salutandolo e porgendogli il benvenuto a nome dell'intero popolo mauretano.

Cesare frenò il proprio destriero, imitato dai cavalieri della scorta; indossava una corazza anatomica in bronzo riccamente istoriata, esattamente come quella che è visibile nella copia traianea della statua esposta oggi nella sala municipale del Campidoglio di Roma, con le spalle coperte dal lungo mantello rosso, il *paludamentum*, emblema visibile del suo *imperium* militare; si sfilò l'elmo dorato sormontato da una cresta scarlatta, ricambiando il saluto senza bisogno di un interprete nella lingua dei Mauri. All'epoca il suo aspetto era quello di un uomo maturo e asciutto, temprato nel fisico da lunghi anni di permanenza sui campi di battaglia di tre continenti, sebbene stempiato ed ingrigito. Il suo sorriso velatamente ironico era stampato sul volto espressivo, come emerge tutt'oggi da alcuni suoi efficaci ritratti in marmo.

Dopo i convenevoli di rito i Romani vennero fatti accomodare in un grande salone, al riparo dai caldi raggi del sole africano, dove vennero allestiti per loro balli, danze, canti e mimi, che avrebbero allietato il banchetto. I convenuti pranzarono sdraiati su morbidi *triclinia*, alla moda romana, mentre schiavi e servitori si davano da fare per servire agli ospiti coppe di vino speziato e delicate vivande di carne e verdure servite su stoviglie in metalli preziosi.

Bogud aveva naturalmente riservato a Cesare il posto d'onore sul divano posto tra lui e la moglie Eunoe, condividendo con il condottiero le pietanze ed i vini migliori, scelti appositamente dalla mensa regale. Molto difficilmente, in quell'amena circostanza, si parlò di politica, se non superficialmente: le trattative vere e proprie avrebbero avuto luogo nei giorni successivi (e spesso per il tramite di intermediari di fiducia): scopo contingente dell'incontro era rinsaldare l'intesa tra i Romani e i Mauretani Occidentali e far sfoggio delle rispettive buone intenzioni.

L'avvenenza di Eunoe colpì sicuramente Cesare fin dal primo momento, specialmente quando la regina prese a conversare in greco con il suo dotto ospite, parlando di poesia, di filosofia e di storia. Cesare era colpito dalla piacevolezza dei suoi modi e ne fu oltremodo conquistato, sebbene il ricordo di Cleopatra fosse ancora fresco nella sua mente. Bogud, consapevole di tutto, se ne stette discretamente in disparte.

Il giorno seguente la regina invitò Cesare nei propri appartamenti, dove la conversazione prese una piega più romantica, portandoli l'uno nelle braccia dell'altra. Non pensiamo tuttavia che ciò fosse dovuto unicamente ad un improvviso ed irrazionale scoppio di passione: Eunoe colse l'occasione, fra le morbide e profumate coltri del suo talamo, per sostenere la causa di suo marito e Cesare fu lieto di accogliere le sue richieste: se lei e Bogud lo avessero supportato militarmente con la loro formidabile cavalleria nelle successive lotte contro le legioni pompeiane, egli li avrebbe colmati di onori e ricchezze, garantendo loro al contempo l'appoggio romano contro i propri nemici ed oppositori esterni ed interni.

Nei giorni successivi la frequentazione dei due si fece più intensa; è probabile che essa continuò anche quando Cesare dovette lasciare la reggia di Bogud, allorché la coppia regale seguì il condottiero nei suoi spostamenti in territorio africano contro le armate pompeiane condotte da Metello Scipione.

Ben presto divenne difficile nascondere che il generale romano e la regina maura avessero una relazione, date le frequenti visite di Eunoe nella tenda di lui e le fugaci ma numerose comparse di Cesare nel padiglione regale. Quando la notizia divenne di pubblico dominio nessuno se ne stupì o scandalizzò, ma la nuova ebbe modo di agitare Cleopatra, che sul sostegno incondizionato di Cesare contava per garantire stabilità al proprio trono. E se la regina berbera l'avesse scalzata dall'agenda politica del grande Romano, oltre che dai suoi affetti?

Antonio Spinosa ha così ricostruito i pensieri della regina egizia [121] : «Assai scontenta era Cleopatra per la lontananza dell'amante. Era immusonita non soltanto per un'assenza che i prolungava ormai da una decina di mesi, ma anche per delle spiacevoli indiscrezioni che le erano state soffiate all'orecchio. Alcuni suoi amici – poteva chiamarli così? – si erano premurati di svelarle che Cesare, quando ancora si trovava in Africa, si era alquanto distratto fra le braccia di un'altra bella donna, la regina Eunoe, la moglie incantevole di Bogude, Il re moro di Mauretania, oltretutto destinato a fare una brutta fine. A queste notizie Cleopatra penava fra spasimi di gelosia. Si chiedeva se poi era tanto bella quella donna! Di lei non sapevano dirle nulla. Era bionda o bruna? Era un'amante appassionata? Cleopatra riteneva tuttavia impossibile che potesse superarla nelle arti della seduzione».

Anche i moderni romanzieri, impadronitisi dell'episodio, si sono cimentati ad indovinare lo stato d'animo della gelosa Cleopatra, come la brava scrittrice Margaret George, che si figura un racconto in prima persona della stessa regina egizia[122]: «Un altro rapporto riferiva che Cesare aveva sommerso di regali Eunoe, la moglie del re moro Bogud, e aveva ricompensato più che generosamente il marito per averle consentito di diventare sua amante. Niente di più. Niente dettagli. Mi costrinsi a continuare la lettura, anche se con il cuore pesante. Avevo sperato di non trovare accenni, in modo da accantonare la cosa come un pettegolezzo, una calunnia messa in circolazione da Scipione, senza fondamento».

Più prosaicamente, era probabile che il maggior cruccio di Cleopatra non fosse tanto un'umanissima (quanto quasi certa)

---

[121] A. SPINOSA, *Cleopatra. La regina che ingannò se stessa*, Mondadori, Milano 2017, pp. 106-107.
[122] M. GEORGE, *Io, Cleopatra*, I, Sperling & Kupfer, Milano 1998, p. 249.

gelosia, ma il timore di perdere i favori di Cesare e quindi il puntello romano al proprio trono; timore del resto infondato, perché Cesare, come risaputo, al termine della guerra civile invitò a Roma Cleopatra e non Eunoe, e a lei dedicò addirittura una statua dorata nel tempio di Venere Genitrice.

Del resto non è ozioso chiedersi quali fossero i veri sentimenti di Cesare per la sua nuova amante; Svetonio, che mutua certamente i termini dal libello di Nasone, adopera il verbo *diligere* per descrivere il rapporto tra il condottiero romano e la regina. Ora, *diligere* ha in latino una pregnanza meno forte di *amare*, ma certamente indica un notevole coinvolgimento sentimentale[123]. È innegabile che, a suo modo, Cesare abbia amato Eunoe, non solo per la sua bellezza, ma anche perché seppe lenire la sua solitudine (sua moglie Calpurnia era lontana, così come le amanti Servilia, madre del suo futuro assassino Bruto, e la regina Cleopatra) con conversazioni stimolanti, gesti affettuosi e il ricorso alla comune cultura ellenistica.

Tuttavia, con fine della campagna d'Africa, la loro relazione ebbe apparentemente termine, poiché Cesare fece ritorno a Roma, dove, alcuni anni dopo, invitò a raggiungerlo Cleopatra, e non Eunoe; diciamo che la storia ebbe solo apparentemente termine, perché è innegabile notare due cose: 1) teste Svetonio, sia la regina che suo marito Bogud ebbero da guadagnare moltissimo, in termini economici ma anche politici, dall'amicizia con Cesare; 2) Bogud si impegnò personalmente a supportare Cesare, nel 46 a.C. nella campagna contro i pompeiani di Spagna, che culminò nella vittoria di Munda. Senza il sostegno dei Mauretani sicuramente le cose si sarebbero fatte più complicate per il grande condottiero: è evidente che in quest'ultima circostanza Eunoe abbia agito da sprone sul marito, inducendolo a mettere in gioco il tutto per tutto pur di legarsi a doppia mandata alla causa cesariana, che di lì in poi sarebbe

---

[123] L. CASTIGLIONI, S. MARIOTTI, *Vocabolario della lingua latina*, Loescher Editore, Torino 1990, s.v. *Diligo*.

diventata la ragione d'essere della politica espressa dai signori di Tingi. Per mantenere vivo questo legame è probabile che Cesare ed Eunoe abbiano mantenuto uno scambio epistolare abbastanza assiduo, che tuttavia non ci è pervenuto.

*

* *

Putin non è circondato da una fama di donnaiolo impenitente come Cesare, forse anche per via della sua fama di uomo, riservato, apparentemente freddo e determinato; tutt'al più la stampa ha ricamato sulle sue presunte o reali relazioni una volta divenuto Presidente, ma cosa c'è di vero in tutto ciò? Per cercare di fare chiarezza andiamo con ordine.

Putin aveva conosciuto la sua futura moglie nel 1980: Ljudmila Aleksandrovna Škerbneva era originaria di Kaliningrad, la città più occidentale dell'Unione Sovietica, una sorta di enclave russa fra la Polonia e la Lituania, grande porto del Mar Baltico; per secoli era stata conosciuta col nome di Königsberg, città prussiana patria del celeberrimo filosofo Immanuel Kant, passata poi sotto la sovranità russa. Ljudmila era la figlia maggiore di un certo Aleksandr Avraamovič, che faceva l'operaio nelle officine meccaniche di Kaliningrad, mentre la madre, Ljuda Ekaterina Tichonovna, era impiegata in una ditta di trasporti. Si trattava di una famiglia piuttosto modesta, che integrava il magro bilancio familiare con l'allevamento delle galline.

Ljudmila era molto bella, con i capelli biondi e gli occhi azzurri e, grazie anche alla propria diligenza, venne eletta organizzatrice del comitato locale dei giovani (*Komsorg*); i genitori speravano che si iscrivesse alla facoltà di Tecnologia dell'università di Kaliningrad, ma lei sognava una carriera da attrice; tuttavia, – con sua gran delusione – non venne accettata alla scuola di Teatro e Recitazione. Si accontentò quindi di un impiego come operaia tornitrice, e contemporaneamente iniziò a

92

frequentare i corsi tecnici desiderati dai genitori[124].

Alla fine, ventiduenne, riuscì a farsi assumere come assistente di volo a bordo delle linee nazionali, professione molto ambita dalle giovani russe; avendo accumulato alcune giornate di ferie che doveva usufruire entro la primavera, la giovane donna decise di visitare Leningrado in compagnia di un'amica.

Giunte nella metropoli, vennero a sapere che in quei giorni il noto comico russo Arkadij Raikin aveva organizzato uno spettacolo, e che di lì a poco sarebbe andato in scena anche un celebre musical sovietico. Trovare i biglietti per entrambi gli eventi era però impossibile, essendoci praticamente il "tutto esaurito". Un conoscente dell'amica di Ljudmila, di nome Aleksej, si offrì di aiutarle, rivolgendosi ad un amico che fece spuntare dal nulla gli agognati biglietti; li avrebbe dati gratuitamente loro se lo avessero lasciato unirsi alla compagnia, portando con sé un amico: Vladimir Putin[125].

Inizialmente Putin non suscitò grossi entusiasmi in Ljudmila; al contrario, lui le apparve un tipo «molto umile, piuttosto basso, tutt'altro che appariscente». Man mano però che la serata proseguiva, la giovane assistente di volo ebbe modo di cambiare idea: con la sua parlantina seppe instaurare un rapporto di fiducia, tanto più che – si seppe – i biglietti li aveva rimediati proprio lui, che spiegò di poter ottenere biglietti d'ingresso per qualunque evento culturale che si svolgesse a Leningrado.

Nei giorni successivi i due si ritrovarono e visitarono assieme i teatri ed i luoghi più belli della città; allorché lei si apprestava a ripartire, Putin le lasciò il suo numero di telefono personale, gesto che sorprese alquanto il suo amico, che bene conosceva la sua proverbiale riservatezza, tanto da farlo esclamare: «Vladimir si è innamorato!». Ljudmila arrossì, ma da quel giorno colse ogni pretesto per tornare a Leningrado ogni

---

[124] SANGIULIANO, *Putin*, cit., pp. 66-67.
[125] LILIN, *Putin*, cit., p. 94.

volta che poteva. Per un anno e mezzo Putin le tenne nascosto di essere un agente del KGB, sostenendo di ar invece parte della polizia. La giovane venne però a conoscenza della vera natura del suo impiego da un'amica comune. Inizialmente si mostrò offesa per la poca fiducia di Vladimir, ma la grande capacità dialettica e diplomatica di quest'ultimo fecero sì che la frequentazione continuasse, più affettuosa di prima.

Dopo qualche periodo di crisi, dovuto ai cronici ritardi di Putin e alla sua notevole gelosia, la donna decise di andare a vivere stabilmente a Leningrado, dove Vladimir le trovò un piccolo appartamento. Una sera, mentre sedevano a casa di lui, Putin le disse all'improvviso: «Mia cara, adesso sai come sono. In teoria non sono un uomo molto facile: sono taciturno, a volte brusco, a volte offensivo, e così via. In breve, un compagno di vita rischioso. In tre anni e mezzo ti sei chiarita le idee?». Ljudmila, che credeva che l'uomo volesse lasciarla, rispose con un nodo alla gola. «Sì, me le sono chiarite». «Sì? Beh, in tal caso, io ti amo e ti propongo di sposarci fra tre mesi»[126].

I due convolarono a nozze il 28 luglio del 1983, presso la casa comunale sulle sponde del fiume Neva, a Leningrado. Solitamente i matrimoni civili, nell'Unione Sovietica, si celebravano in gruppo, ma i due novelli sposi ebbero diritto ad una cerimonia personale. Putin indossava un completo grigio scuro in stile classico, con il panciotto, mentre Ljudmila aveva il tradizionale abito bianco, con tanto di velo. I due giunsero in municipio a bordo di una grande Zil nera, noleggiata per l'occasione. Il funzionario pronunciò la consueta e sbrigativa formula: «Promettete voi di seguire la via del Comunismo come state facendo ora, agendo contro la Chiesa e le vecchie tradizioni?». Alla risposta affermativa di entrambi (risposta di facciata, data la nota religiosità della sposa), fu ordinato loro di educare la futura prole alla lotta per la rivoluzione socialista mondiale e in conclusione del rito, il funzionario recitò: «In nome

---

[126] SANGIULIANO, *Putin*, cit., p. 70.

del compagno Vladimir Lenin, io dichiaro concluso il matrimonio». Dopo la cerimonia i due andarono a pranzare in un ristorante galleggiante sulla Neva, pronti per affrontare la loro nuova vita in comune[127].

*

* *

I novelli sposi andarono a vivere nel piccolo bilocale in cui già dimoravano i genitori di Putin, sulla Prospekt Staček, nel quartiere Avtovo di Leningrado; qui avevano a disposizione una stanza di 12 metri quadri con balcone, mentre quella dei suoceri ne misurava 15. Nel 1985 nacque loro la prima figlia, Maria (Marija, il cui diminutivo affettuoso era Masha), chiamata così in onore della madre di lui.

Fino a quel momento il lavoro di Putin nel KGB era stato piuttosto burocratico e noioso, ma nel 1984, per premiare la sua diligenza, era stato promosso maggiore e di occuparsi della Prima Direzione Generale, che si occupava, in buona sostanza, dello spionaggio sovietico all'estero. Seguì vari corsi per approfondire la storia, l'economia e la politica dei Paesi di lingua tedesca, dove sarebbe stato assegnato, per la precisione nella DDR, la Germania dell'Est, allora facente parte del Patto di Varsavia e sotto il controllo sovietico.

Il maggiore Putin e la famiglia vennero destinati a risiedere a Dresda, notevole centro industriale nonché città d'arte, a dispetto dei bombardamenti alleati subiti nella II Guerra Mondiale. Qui Putin ebbe come copertura l'incarico di direttore della sezione locale dell'Associazione per l'Amicizia Sovietico-Tedesca e come sede una bella villetta sul fiume Elba, al civico 4 di Angelikastrasse.

I coniugi Putin amarono subito la Germania Est, che – confrontata alla madrepatria russa – pareva il paese di Cuccagna,

---

[127] SANGIULIANO, *Putin*, cit., pp. 64-65.

senza file chilometriche davanti ai supermercati e in cui non era difficile recuperare merci occidentali, contrabbandate dalla Germania Ovest. In quel periodo Putin infranse la sua rigida astinenza dell'alcol per gustare la birra locale e, complice la buona cucina del posto, prese ben 12 chili.

I due ebbero persino un'auto di servizio, una Volga, con cui, nei fine settimana, scorrazzavano per la Sassonia. Qui, il 31 agosto del 1986, nacque la loro seconda figlia, Caterina (Ekaterina, soprannominata in famiglia Katja), chiamata così in onore della nonna materna, secondo la tradizione russa.

Sebbene impegnato molto al lavoro, Putin era assai presente nella vita delle figlie, che accompagnava personalmente, ogni mattina, all'asilo. Essendo senza domestici – che non potevano permettersi – Putin dovette accudire da solo Masha quando la moglie venne ricoverata in ospedale poco prima del secondo parto, ed espletò volentieri e con scrupolo tale inedita incombenza[128].

*
* *

In base alla legge dell'impermanenza, che regola rigidamente l'intero universo, è inevitabile che tutte le cose giungano al termine, tanto le belle quanto le brutte.

Nel 1989, mentre a Mosca il nuovo leader Michail Gorbaciov dà corso al suo nuovo corso politico riformista, nell'intera Europa dell'est, il Comunismo inizia una crisi ed uno sgretolamento irreversibile, DDR inclusa. Anche a Dresda, sotto lo sguardo sgomento di Putin, le forze locali democratiche iniziano ad organizzarsi e a manifestare per strade e piazze.

Il 9 novembre crolla il Muro di Berlino, mentre dieci giorni dopo il cancelliere Helmut Kohl, giunto a Dresda parlò ad una numerosissima folla, conscio della storicità del momento. Il

---

[128] SANGIULIANO, *Putin*, cit., pp. 74-77.

maggiore Putin scrive alcuni rapporti e li invia ai suoi superiori del KGB a Mosca, ma da laggiù nessuna risposta: gli agenti sovietici erano stati lasciati al loro destino. Ma nel frattempo la situazione precipitava: a Berlino la sede della STASI, l'odiata polizia segreta della DDR, era stata presa d'assalto dalla folla inferocita, e lo stesso poteva capitare da un momento all'altro anche a Dresda.

«Noi distruggemmo tutto, i nostri collegamenti, i contatti, l'intera rete di agenti», racconterà Putin, «Io personalmente bruciai un'enorme quantità di materiale. Abbiamo bruciato tanta di quella roba che alla fine la stufa fondeva. Bruciavamo di giorno e di notte. Quello che c'era di maggiore importanza l'inviammo a Mosca»[129].

Alla fine, l'evento tanto temuto accadde. Il 3 dicembre 1989 una folla tumultuante si presentò davanti ai cancelli della villetta di Angelikastrasse; i manifestanti, eccitati dalla birra e disposti a menare le mani, chiedevano l'accesso agli archivi del KGB lì custoditi. Putin, da solo, uscì loro incontro.

«La minaccia era seria. Nessuno s'era mosso per difenderci (…), eravamo pronti a farlo da soli: dovevamo dimostrare l'efficacia del nostro addestramento (…). Dopo qualche ora, quando i dimostranti s'imbaldanzirono, io andai tra loro e chiesi cosa volessero. Spiegai che eravamo un'organizzazione militare sovietica. Dalla folla mi domandarono: "Perché avete autovetture con targhe tedesche? Di cosa vi occupate qui?". Risposi che, secondo l'accordo, ci era permesso utilizzare targhe tedesche. "Ma lei chi è, che parla così bene il tedesco?», insistette la folla. "Sono un interprete". La discussione, a questo punto, languì, Putin rientrò nel palazzetto e la calca si disperse, tanto più che un distaccamento militare stava giungendo sul posto [130]. In quest'occasione Putin diede una notevole prova di calma e di sangue freddo.

---

[129] L. GIANOTTI, *Putin e la Russia*, Editori Riuniti, Roma 2014, p. 30.
[130] SANGIULIANO, *Putin*, cit., pp. 83-84; LILIN, *Putin*, cit., pp. 87-88

Oramai, presagendo il collasso imminente della madrepatria, Putin decise di abbandonare la Germania e di tornare in Unione Sovietica. Caricò l'intera famiglia e le loro masserizie sulla loro vecchia e rumorosa Volga, inclusa una lavatrice che in Russia non avrebbero di ceto ritrovato. E così, con grande rammarico, partirono per Leningrado, incerti più che mai su quello che sarebbe stato il loro futuro.

*
* *

Durante l'estate del 1991 una tragedia potenzialmente mortale sfiorò Putin e la sua famiglia, contribuendo però sia a mettere in luce il suo amore per le figlie, sia ad esaltarne il coraggio personale, oltre che a dare un impulso tutto nuovo alla sua fede religiosa.

Nonostante diverse difficoltà economiche personali, i Putin erano riusciti a costruirsi una dacia sulla costa orientale del lago Komsomol'skoe, nel distretto di Priozerskij, un'area amena e rilassante, situata sull'istmo di Carelia, fra la Russia e la Finlandia, ricca di boschi, fiumi e, durante l'inverno, piacevolmente imbiancata da una soffice coltre di neve.

Per la prima volta dacché aveva terminato la costruzione della Dacia, Putin decise di trascorrervi parte dell'estate assieme alla famiglia alla segretaria personale di Vladimir, Marina Entalceva suo marito e la figlia.

Una sera decisero di provare la sauna situata al primo piano un'istituzione immancabile in Russia), dopodiché andarono a rinvigorirsi con una nuotata nel fiume che scorreva nei pressi dell'abitazione, quindi si asciugarono e tornarono all'interno.

Di lì a poco un crepitio li mise però in allarme, subito seguito d'un acre odore di fumo e dal guizzare di alcune fiamme, che si propagano a velocità sostenuta, dato che la casa era sì in muratura, ma con le pareti rivestite da pannelli in legno.

L'impianto elettrico saltò e le tenebre furono illuminate solo dai barbagli delle fiamme, sempre più vicine, mentre il fumo tossico si espandeva e faceva tossire tutti. Senza por tempo in mezzo, Putin – che subito colto la gravità della situazione – urlò: «Tutti fuori!».

Tuttavia, una volta riguadagnata l'aria aperta, si avvide con angosciante sorpresa, che fra i presenti mancava la figlia maggiore, Masha, nonché la stessa segretaria Marina. Le due, paralizzate dal terrore a motivo della densa coltre di nube nera in salita, erano rimaste intrappolate al secondo piano, nelle rispettive camere da letto, tagliate fuori dall'accesso alle scale. Senza esitazione, ed ignorando le grida dei presenti, Putin si lanciò all'interno della dacia, ormai trasformata in un rogo, e salì di corsa le scale nonostante la visibilità quasi azzerata. Egli stesso raccontò più tardi: «C'era così tanto fumo che non si vedeva la scala da cui si doveva scendere. Al secondo piano c'erano Marina e Masha, mia figlia maggiore, che giravano e non riuscivano a capire da che parte correre, non riuscivano a vedersi l'un l'altra. Ho preso Masha per mano e l'ho portata sul balcone. Poi ho tolto le lenzuola dal letto, le ho legate tra loro e saldate al balcone e ho detto a Masha: "Scendi!". Era spaventata: "Non scendo, ho paura!". L'ho minacciata: "Allora adesso ti prendo e ti butto giù come un cucciolo! Non capisci che la casa sta andando in fiamme?". L'ho presa per il bavero e l'ho scaraventata oltre la ringhiera, di sotto l'hanno presa al volo»[131].

Dopo aver messo in salvo la figlia, Putin si mise alla ricerca della segretaria, la ritrovò nonostante il fumo e le ordinò di scendere aggrappandosi alle lenzuola; ma la fune improvvisata era stata pensata per sostenere solamente il leggero corpo di una bambina, e sotto il peso, pur contenuto, di Marina cedette. Suo marito però riuscì a prenderla al volo, prima che si schiantasse sul duro selciato di pietra sottostante, seppur

---

[131] N. Goreslavskaya, *Putin, storia di un leader*, Edizioni del Borghese, Roma 2015, p. 147.

fratturandosi una mano.

Putin, tuttavia, non uscì subito a sua volta, ma tornò all'interno, invaso ormai quasi del tutto da fumo tossico e fiamme guizzanti, per cercare una borsa contenente i risparmi di famiglia; la ricerca fu però vana e Vladimir, dopo essersi avviluppato in un vecchio lenzuolo a cui sua madre Maria attribuiva virtù protettive, si lanciò fra le fiamme e si mise a scendere le scale crepitanti a rotta di collo, riguadagnando illeso l'uscita. Per colmo della sfortuna, i pompieri sopraggiunti sul posto erano senz'acqua e privi dell'attrezzatura necessaria per attingerne dal vicino lago, cosicché la casa fu completamente incenerita. Dopo quest'episodio Putin, che pure era stato battezzato da sua madre quando Stalin ancora viveva, si riavvicinò alla fede cristiano-ortodossa, facendone uno dei suoi capisaldi, anche politici[132].

*

* *

Dopo la sua nomina a Presidente della Federazione Russa, a seguito delle elezioni della primavera del 2000, dovute alle dimissioni di Boris Eltsin, Putin emanò una serie di provvedimenti, uno dei quali riguardava proprio le figlie, che all'epoca avevano quindici e sedici anni.

Le due ragazze divennero da subito soggette a misure di protezione straordinarie, isolate dal resto del mondo da un articolatissimo sistema di sorveglianza: in breve nessuno poté più sapere com'erano fatte le due adolescenti, e ovviamente a nessun giornalista fu permesso di avvicinarle. Quando si spostava in aereo con loro, Putin permetteva che le due giovani fossero scortate fuori dal velivolo solo dopo che i giornalisti avevano abbandonato l'aeroporto.

Nicolai Lilin riporta un articolo di giornale russo che si

---

[132] GORESLAVSKAYA, *Putin*, cit., p. 149; sui riflessi religiosi dell'evento si veda SANGIULIANO, *Putin*, cit., pp. 188-189.

100

lamenta: «Nessuno le saprebbe riconoscere. Si muovono solo circondate dagli uomini del servizio di sicurezza del Presidente. I loro volti sono nascosti dai vetri oscurati delle auto blindate. Non pronunciano mai il proprio cognome. Il Paese ha visto Masha e Katja solamente una volta, in una vecchia foto pubblicata anni fa sulle pagine di un libro»[133].

Putin aveva i suoi buoni motivi, che andavano al di là di una comune difesa della *privacy* o dei timori per l'incolumità dei propri familiari: non voleva che le ragazze fossero al centro dei riflettori per evitare che si montassero la testa e conducessero una vita dissoluta e densa di scandali, come alcuni parenti dell'ex Presidente Eltsin.

*

* *

Il matrimonio fra Putin e Ljudmila, che era durato trent'anni, ebbe fine nel giugno del 2003, a quanto pare di comune accordo. La coppia ne diede assieme pubblico annuncio: dopo aver assistito ad uno spettacolo del balletto *Esmeralda*, svoltosi al Cremlino, i due sposi annuncirono ai giornalisti presenti che avrebbero fatto una dichiarazione: «Tutta la mia attività, il mio tempo, il mio lavoro sono dedicati all'interesse pubblico, in senso assoluto. Qualcuno apprezza questa cosa, altri no. Però ci sono persone che non possono reggere questo peso. Per esempio, Ljudmila Aleksandrovna: lei ha già resistito per molti anni. Quindi abbiamo preso una decisione». La decisione era ovviamente la separazione legale. Da allora Ljudmila si riferì a lui in maniera formale e rispettosa, ma prendendone progressivamente le distanze.

I giornali scandalistici (anche stranieri) si gettarono a pesce sulla presunta relazione fra Putin e l'atleta Alina Kabaeva, campionessa olimpica di ginnastica artistica, sebbene nessuno

---

[133] LILIN, *Putin*, cit., pp. 159-160.

dei due confermasse qualcosa oltre una semplice amicizia. Del resto Alina era stata eletta in Parlamento nel 2007, ed in molte occasioni pubbliche poté comparire accanto a Putin. Alina si trasferì poi in Svizzera, nel 2015, per partorire nella clinica privata di Sant'Anna (Lugano) un figlio maschio che – si dice – aveva qualche somiglianza sospetta con il Presidente. Nessuno dei due commentò il fatto, ed anche le successive gravidanze della donna vennero coperte da un velo di silenzio[134].

Alla domanda di un giornalista sulla sua situazione sentimentale a seguito della separazione, si limitò a rispondere: «Amo e sono amato»[135].

*

* *

Katya, al momento in cui scriviamo queste righe (ottobre 2022) oramai ultraquarantenne, è probabilmente la figlia più ligia Putin. Si sposò con Kirill Shamalov, il figlio di Nikolai Shamalov, uno stretto alleato del presidente russo, nonché il maggiore azionista di *Bank Rossiya*, la banca di riferimento del Presidente russo.

I due convolarono a nozze in uno dei resort sciistici preferiti da Putin, Igora, nel corso di una cerimonia fastosa fra piste di pattinaggio e giuochi di luce. Al matrimonio partecipò anche la sorella maggiore Maria, giunta appositamente in volo dall'Olanda assieme al marito Jorrit Faassen.

Per decenni Maria era vissuta in Olanda ma dal 2014, allorché si accusarono i separatisti russi del Donbass di avere abbattuto un aereo della Malaysia Airlines partito da Amsterdam, divenne oggetto di molte critiche fra i vicini e non soltanto.

*

* *

---

[134] LILIN, *Putin*, cit., pp. 173-174.
[135] SANGIULIANO, *Putin*, cit., p. 254.

Ma la stampa scandalistica si è sbizzarrita intorno all'*entourage* affettivo del Presidente russo, che avrebbe include diverse altre donne con cui avrebbe intrattenuto (il condizionale è d'obbligo) dei rapporti non ufficiali.

C'è fra di esse Svetlana Krivonogikh, ex donna delle pulizie di San Pietroburgo, che avrebbe avuto (ancora una volta il condizionale è d'obbligo) una relazione con Putin. La donna è attualmente una sorta di regina del mercato immobiliare russo, nonché un membro del consiglio di amministrazione di *Bank Rossiya* ed una azionista del resort sciistico Igora, lo stesso luogo dove Katja, figlia di Putin, si è spostata. Dalla relazione con Putin con Svetlana sarebbe nata Elizaveta Vladimirovna Krivonogikh. Le due donne, madre e figlia, hanno poi vissuto in una lussuosa proprietà a Montecarlo.

III
L'ascesa politica

La vittoriosa campagna di Lusitania (l'odierno Portogallo) aveva spalancato a Cesare la via politica, consentendogli di richiedere il trionfo per le vie dell'Urbe; tuttavia Catone e altri nobili si opposero, impedendogli di proporre contestualmente la sua candidatura per il consolato *in absentia*: o Cesare deponeva l'*imperium* militare e rinunciava all'agognato trionfo oppure non avrebbe potuto candidarsi. I suoi nemici avevano però fatto male i conti, poiché per lui, rinunciare al trionfo, era molto meno difficile che stoppare la propria ascesa politica verso la magistratura suprema, il consolato.

Dunque Cesare, messo alla stretta dall'intransigenza degli ottimati, tra la celebrazione sul trionfo sui Lusitani e la possibilità di candidarsi al consolato scelse senza esitazioni quest'ultima. Per garantirsi la vittoria, nel 60 a.C., il Nostro stipulò un'alleanza strategica con due tra i maggiori capi politici dell'epoca: Crasso e Pompeo; quest'accordo tra privati fu in seguito definito (forse un po' impropriamente) primo triumvirato; non si trattava di una vera magistratura, ma di un accordo tra privati ai limiti dell'illecito che, dato il grande prestigio dei contraenti, ebbe poi notevolissime ripercussioni sulla vita politica romana[136].

Crasso era senz'altro l'uomo più ricco di Roma (aveva infatti, tra le altre cose, finanziato senza badare a spese la campagna elettorale di Cesare per il consolato), oltre che esponente di spicco della classe dei cavalieri. Pompeo, dopo aver brillantemente risolto la guerra in Oriente contro Mitridate del Ponto e suo suocero Tigrane d'Armenia, era il condottiero che

---

[136] APPIANO, *Le Guerre Civili*, II, 8; CASSIO DIONE, *Storia Romana*, XXXVII, 55-57; SVETONIO, *Vita di Cesare*, 19, 2.

poteva vantare un *curriculum* di vittorie senza eguali[137]. Il rapporto tra Crasso e Pompeo non era però dei più idilliaci, ma con la sua fine abilità dialettica e diplomatica Cesare seppe riconciliarli, vedendo in un'intesa politica fra i due l'unico modo in cui egli stesso avrebbe potuto scalare i vertici del potere, superando gli ostacoli che gli ottimati (e Catone in testa) gli avrebbero contrapposto.

Crasso serbava infatti verso Pompeo un certo rancore, da quando il Magno aveva celebrato il trionfo per la guerra contro Sertorio in Spagna e, al contempo, soffiandogli il merito per la vittoria finale contro gli schiavi ribelli sotto la guida dell'indomito gladiatore Spartaco; questi ultimi, sconfitti dalle legioni di Crasso, cercavano di fuggire dall'Italia dirigendosi verso le Alpi: intercettati dalle truppe di Pompeo reduci dalla vittoria spagnola, erano stati annientati. Tutti i meriti della vittoria erano però andati a Pompeo, mentre Crasso, il vero artefice della difficile rivalsa su Spartaco, aveva potuto celebrare soltanto un'ovazione, ovvero una cerimonia in tono assai minore dell'agognato trionfo[138].

Tuttavia ora, in base ai nuovi accordi triumvirali, Pompeo avrebbe dovuto sostenere la candidatura al consolato di Cesare con la sua prestigiosa autorità nei confronti dell'elettorato e soprattutto con i voti dei suoi veterani, rimasti delusi dal diniego del Senato di ricompensare i loro servigi con l'assegnazione di terre pubbliche, mentre Crasso l'avrebbe dovuta finanziare. In cambio di questo appoggio, Cesare – una volta eletto console – avrebbe fatto in modo che ai veterani di Pompeo venissero distribuite delle terre, e che il Senato, volente o nolente, ratificasse i provvedimenti presi da Pompeo in Oriente per

---

[137] Sulla vittoria di Pompeo su Mitridate si veda A. MAYOR, *Il re Veleno. Vita e leggenda di Mitridate, acerrimo nemico di Roma*, Einaudi, Torino 2010, pp. 380-414.
[138] A. GARZETTI, *M. Licinio Crasso. L'uomo e il politico*, «Athenaeum», 29, 1941, pp. 27-37; A. SCHIAVONE, *Spartaco. Le armi e l'uomo*, Einaudi, Torino 2016^2, pp. 110-133.

sistemare la situazione politica di quelle terre dopo le sue campagne; al contempo, come desideravano ardentemente Crasso e la classe dei cavalieri, fu ridotto di un terzo il canone d'appalto delle imposte della provincia d'Asia, da cui essi traevano lucrosi guadagni. A rinsaldare ulteriormente quanto previsto dal triumvirato, Pompeo sposò Giulia, la figlia di Cesare. Tra i due vi era una notevole differenza d'età – lui aveva 47 anni e tre matrimoni alle spalle, lei era ventiquattrenne – e una premessa di interesse politico non indifferente gravava sull'unione, ma pare che tra i due nascesse un tenero rapporto coniugale, che cementò il loro matrimonio. Giulia avrebbe peraltro dovuto sposarsi a giorni con Quinto Servilio Cepione, ma Cesare ruppe d'autorità il fidanzamento. Per consolare il povero Cepione gli fu promessa in sposa la figlia di Pompeo, benché anch'essa fosse già fidanzata con Fausto, rampollo del defunto dittatore Silla. Simili giri di valzer erano del tutto normali fra l'aristocrazia romana[139].

Alle elezioni, com'era prevedibile, Cesare stravinse, divenendo console per il 59 a.C. Gli ottimati cercarono di arginarne il potere affiancandogli un collega espressione dei loro interessi, il borioso Marco Calpurnio Bibulo, che tentò in ogni modo di ostacolare le sue iniziative. Cesare ottenne comunque la ridistribuzione degli appezzamenti di *ager publicus* per i veterani di Pompeo, ma anche per alcuni dei cittadini meno facoltosi.

Catone e Bibulo scatenarono una disperata operazione di retroguardia per bloccare la distribuzione delle terre. Il giorno della votazione popolare bibulo si presentò nel Foro per annunciare che, in qualità di console, aveva notato auspici infausti in cielo, e che pertanto era necessario sospendere le votazioni. Per tutta risposta Cesare gli fece svuotare dai suoi accoliti un cesto di letame fumante in testa. Non appena lo sconcertato console iniziò a tergersi il lerciume dagli occhi, si

---

[139] C. FAYER, *La* familia *romana. Aspetti giuridici ed antiquari. Sponsalia. Matrimonio. Dote*, L'Erma di Bretschneider, Roma 2005, pp. 562-563.

avvide che una squadra di veterani di Pompeo stava picchiando i suoi littori e spezzando i loro fasci, emblema del suo comando. Un coro di scherno accompagnò Catone e Bibulo fuori dal Foro, consentendo la prosecuzione e il prevedibile successo della votazione.

Dopo essersi lavato ben bene i capelli in modo da non disgustare i suoi ospiti, Bibulo convocò il Senato a casa sua per organizzare la resistenza ad oltranza. Ma i senatori avevano compreso che non si poteva opporre alcunché alla prepotenza di tutte quelle bande di militari in circolazione per l'Urbe e perciò, uno dopo l'altro, compreso Catone, giudicarono più saggio non fare altra opposizione all'approvazione della legge[140].

Bibulo, una volta resosi conto del fallimento della sua sterile politica volta esclusivamente alla conservazione dei privilegi da parte della nobilitas senatoriale, si chiuse in casa indispettito per il resto della durata del suo mandato, tanto che il popolo lo canzonava dicendo che quello non era l'anno del consolato di Bibulo e di Cesare, bensì quello di Giulio e di Cesare[141].

Liberatosi del fastidioso collega, Cesare poté programmare in tutta tranquillità la fondazione di nuove colonie in Italia e per tutelare i provinciali riformò le leggi sui reati di concussione, vera e propria piaga dell'amministrazione pubblica romana, emanando la *Lex Iulia de repetundis*, che rimase di fatto in vigore fino al VI sec. d.C.[142]

Fece altresì approvare leggi che favorevoli all'*ordo equestris*, la classe dei cavalieri: con la *Lex de publicanis* egli ridusse infatti di un terzo la quota di denaro che i cavalieri dovevano versare allo Stato, favorendo così le loro attività economiche. Promulgò inoltre una legge che imponeva al Senato di stilare le

---

[140] T. HOLLAND, *Rubicone: Trionfo e tragedia della Repubblica romana*, Il Saggiatore, Milano 2006, p. 209; G. ANTONELLI, *Giulio Cesare*, Newton Compton, Roma 2007, p. 67.
[141] E. HORST, *Cesare*, Rizzoli, Milano 1982, p. 120.
[142] GIUSTINIANO IMPERATORE, *Digesto*, XLVIII, 11.

relazioni di ogni seduta (gli *Acta Senatus*), fino ad allora affidate più ad appunti e alla memoria che a sistematiche registrazioni[143].

Il Senato tentò un ultimo colpo di coda per assegnare a Cesare, invece di una provincia da governare – come prassi – allo scadere del suo mandato, la cura di *silvae callesque*, cioè la tutela di boschi e tratturi della penisola italiana. Era, più che un insulto sarcastico e sprezzante, un modo concreto per distruggerne la carriera. Prima dello scadere del consolato, tuttavia, e grazie all'appoggio dei triumviri, Cesare ottenne con la *Lex Vatinia* del 1° marzo (prendeva il nome dal proponente, il tribuno della plebe cesariano Vatinio) il proconsolato delle province della Gallia Cisalpina (corrispondente all'attuale Italia a nord del Po) e dell'Illirico per cinque anni, con l'assegnazione di un esercito composto da tre legioni. Poco dopo, per sovrappiù, un senatoconsulto gli affidò anche la vicina provincia della Gallia Narbonense, il cui proconsole in carica era morto improvvisamente. Il Senato ingoiò il rospo a denti stretti, sperando che Cesare, considerato uno spregiudicato demagogo senza la stoffa di un grande condottiero, fallisse in modo eclatante nell'affrontare la duplice, terribile minaccia che gravava su quelle regioni ad opera dei Galli e dei Daci[144].

Mai nella Storia qualcuno si era sbagliato tanto clamorosamente.

*

* *

Alla fine degli anni Novanta la situazione russa non era delle migliori, per usare un eufemismo: il rublo si stava vertiginosamente svalutando, gli stipendi non venivano più pagati con regolarità e il 30% della popolazione era sull'orlo di una stringente povertà. I governi locali, inoltre, iniziavano a

---

[143] SVETONIO, *Vita di Cesare*, 20, 1.
[144] ANTONELLI, *Giulio Cesare*, cit., pp. 68-69.

muoversi come se quello centrale non contasse più nulla, venendo in proprio (spesso anche all'estero) le proprie risorse. La criminalità organizzata inoltre dilagava, specie a Mosca, ed una serie di delitti sempre più impuniti stava a dimostrare l'anarchia in cui versava il Paese.

Per cercare di mettere uomini nuovi in posizioni-chiavi e tentare sbloccare così una situazione divenuta insostenibile, Boris Eltsin propone di mettere Putin a capo dell'FSB (*Federal'naja Služba Bezopasnosti*), il corpo di sicurezza e spionaggio subentrato al KGB dopo il crollo dell'Unione Sovietica. Putin ricevette la proposta da Valentin Jumašev e subito dopo telefonò alla moglie mentre quest'ultima era in vacanza assieme alla famiglia sul Mar Baltico; le disse: «Comportati cautamente, mi hanno rimesso là dove ho iniziato». Parlandone con lei durante una passeggiata al parco di Archangelsk, le confessò tuttavia: «È l'ultimo posto in cui avrei voluto finire»; decise nondimeno di fare buon viso a cattivo giuoco e, il 26 agosto del 1998 raggiunse il premier Sergej Kirienko in aeroporto; il capo del governo, scendendo dalla scaletta dell'aereo, gli diede amichevolmente una pacca sulla spalla e gli strinse la mano, esclamando: «Congratulazioni per la nomina!».

Al passaggio delle consegne con il suo predecessore, il generale Nikolaj Kovalëv, quest'ultimo insisté con Putin affinché accettasse, in qualità di nuovo Direttore dell'FSB, il grado di generale, ma Putin, sorridendo, declinò l'offerta, limitandosi a replicare: «Non ci vuole un generale per comandare i colonnelli, ci vuole solo uno capace di farlo»[145].

Frattanto l'autorità di Boris Eltsin, che portava assai male i suoi 68 anni, in particolar modo a causa dei suoi problemi con l'alcol, stava rapidamente declinando, rischiando di scatenare al Cremlino una vera e propria guerra fra fazioni, trascinando il Paese nel caos più assoluto. Come dice Nicolai Lilin, «il popolo

---

[145] SANGIULIANO, *Putin*, cit., pp. 146-151.

voleva un cambiamento, e in varie parti del Paese pericolose tendenze estremiste mandavano segnali preoccupanti. Il cambiamento che tutti aspettavano arrivò nella persona di Vladimir Putin»[146].

Il 12 luglio del 1999, mentre Putin si trovava in vacanza con la famiglia a Biarritz, località balneare francese sul Golfo di Biscaglia, venne raggiunto sulla terrazza del lussuoso Hôtel du Palais (già residenza dell'imperatrice Eugenia, moglie di Napoleone III) dal potentissimo e ricchissimo oligarca Boris Berezovskij (che in seguito diventerà suo acerrimo nemico), che gli propose, a nome della fazione politica che rappresentava, il ruolo di premier della Federazione Russa.

Davanti a tale proposta Putin rimase pensoso, ben sapendo che un passo falso avrebbe compromesso definitivamente la sua carriera, perciò si mosse cautamente, rispondendogli con un sospiro: «Va bene, proviamo. Ma tu capisci che deve essere Boris Nicolaevič Eltisin a chiedermelo».

Berezovskij lo rassicurò rispondendo: «È lui che mi ha mandato. Vuole essere sicuro che non ci siano equivoci, per evitare che quando te lo avesse chiesto, dicessi no»[147].

Non appena seppe dell'incarico, Putin lo comunicò alla moglie Ljudmila, dicendole: «Capisci che ci saranno molte limitazioni anche nella tua vita privata?», ma la donna lo sostenne con forza[148]. Il dado era tratto.

Alcuni giorni dopo, Putin lasciò la Francia e rientrò a Mosca, dove incontrò Eltsin al Cremlino. Lo stesso Putin raccontò: «Boris Nicolaevič mi ha invitato da lui e mi ha detto che aveva in mente di propormi al posto di Primo Ministro (...). Non mi sono meravigliato particolarmente. Era già chiaro che tutto sarebbe andato in quella direzione. Eltsin non mi chiese se fossi d'accordo o meno a diventare il Primo Ministro. Ha detto

---

[146] LILIN, *Putin*, cit., pp. 134-135.
[147] SANGIULIANO, *Putin*, cit., pp. 163-164.
[148] LILIN, *Putin*, cit., pp. 152-153.

solamente che aveva già preso la sua decisione (...)». Nel congedarlo Eltsin gli disse: «Sarai un premier con delle prospettive»[149].

Il 9 agosto 1999 (anniversario, tra l'altro, della battaglia di Farsalo, vinta da Cesare contro Pompeo nel 48 a.C.) Eltsin firmò un decreto con cui Putin venne nominato primo viceministro, assumendo ad interim la guida del governo russo. Apparendo in televisione Eltsin pronunciò un discorso, in cui confermò: «Ho deciso di nominare una persona che, a mio parere, è in grado di consolidare la società: Vladimir Vladimirovič Putin. (…) Credo in lui. Desidero che in lui abbiano fiducia tutti coloro che nel giugno 2000 andranno nei seggi elettorali per compiere la loro scelta. Ritengo che ci sia tempo sufficiente perché egli possa dare dimostrazione delle sue capacità».

Il 16 agosto Putin fu confermato dal Parlamento (Duma) nell'incarico di Capo del Governo, con 233 voti a favore e 84 contro (e 17 astenuti). Il 31 dicembre 1999 Eltin si dimise e Putin gli subentrò al Cremlino. Come chiosa Gennaro Sangiuliano, «il potere si andava consolidando»[150].

Divenuto dunque, a partire dal 31 dicembre 1999, sostituto temporaneo del Presidente della Federazione Russa, alle elezioni presidenziali, anticipate al 26 marzo del 2000, Putin stravinse. Come ricorda Lilin «erano in molti a sperare che quel giovane ed energico primo ministro percorresse la strada verso la presidenza effettiva». Non furono delusi.

---

[149] M. GESSEN, *Putin. L'uomo senza volto*, Bompiani, Milano 2012, p. 23.
[150] SANGIULIANO, *Putin*, cit., p. 165.

IV
Le guerre

All'inizio di un suo celebre libro, lo scrittore e giornalista Giampaolo Pansa scriveva: «La leggenda sostiene che esistano guerre sporche e guerre pulite. La mia opinione è diversa: tutti i conflitti armati sono sporchi delle vite sottratte a chi vi partecipa o ne rimane coinvolto. In ogni caso, su entrambe le parti in lotta cade sempre una pioggia rossa: una pioggia di sangue»[151]. Tale assunto è valido sia per le guerre antiche sia per quelle, a maggior ragione, dell'età moderna e contemporanea. Se aetticamente Von Clausewitz affermava che la guerra non era altro che la prosecuzione della diplomazia con altri mezzi, resta il fatto che le vittime e le sofferenze sono reali e spesso inimmaginabili per chi non le ha (per sua grande fortuna) sperimentate sulla propria pelle.

Sia Cesare che Putin hanno associato al loro nome un certo numero di importanti e decisivi conflitti: non è scopo di questa esposizione illustrarli nel dettaglio, ma di cogliere, nei più significativi di essi, qualche tratto comune o – al limite – divergente. Andiamo con ordine.

Narrare tutte le guerre di Cesare, in questa sede, è francamente impossibile. Ci limiteremo pertanto a seguire due campagne significative: quella contro i Germani di re Ariovisto e quella contro i Britanni di Cassivellauno.

*

* *

Come riporta Camille Jullian nella sua *Histoire de la Gaule*, «la guerra contro Ariovisto fu la conseguenza naturale della

---

[151] G. Pansa, *La guerra sporca dei partigiani e dei fascisti*, Rizzoli, Milano 2012, p. 7.

sottomissione degli Elvezi. Se Cesare voleva restare il padrone della Gallia, Ariovisto era l'avversario di cui si doveva sbarazzare».[152]

I popoli galli non si erano infatti limitati a congratularsi con il proconsole all'indomani della vittoria ma, per bocca di Diviziaco, avevano riferito a Cesare i loro timori sull'arroganza, l'aggressività e i disegni egemonici di Ariovisto. Costui, alla testa di orde di Suebi, fiero popolo germanico stanziato originariamente oltre il Reno, era penetrato in Gallia nel 71 a.C. alla testa di 15.000 per sostenere come mercenario le fazioni galliche in lotta fra loro per l'egemonia – essenzialmente Edui ed Arverni – e le sue forze si erano vieppiù accresciute per il continuo afflusso di compatrioti dalla Germania, attirati dal miraggio di stanziarsi stabilmente in terre miti e fertili com'erano per l'appunto quelle della Gallia. Nella battaglia di Magetobriga (probabilmente l'attuale Sélestat, in Alsazia), combattutasi nel 60 a.C.[153], nominalmente a favore dei Sequani ma in realtà a proprio esclusivo beneficio, Ariovisto aveva inflitto agli Edui e ai loro alleati una pesante sconfitta, ponendo le basi per la propria espansione.

Diviziaco proseguì la sua relazione riferendo come Ariovisto, stabilitosi nel territorio dei Sequani, avesse di volta in volta sconfitto costoro, gli Edui e tutti i loro alleati, compiendo vere e proprie carneficine di nobili sul campo di battaglia. Al momento ben 120.000 Germani si trovavano stanziati in Gallia, ma in pochi anni i Galli avrebbero corso il serio rischio di venire espulsi dal loro stesso territorio, dato che i Sequani già avevano ceduto agli invasori un terzo del loro territorio e molto presto sarebbero stati costretti a cederne un ulteriore terzo: erano infatti giunti presso Ariovisto altri 24.000 barbari della feroce tribù degli Arudi, e costui aveva comandato ai Galli di fare loro spazio;

---

[152] C. JULLIAN, *Histoire de la Gaule* , III, Libraire Hachette, Paris 1908-1926, p. 221.
[153] CICERONE, *Lettere ad Attico*, I, 19, 2 (per la data della battaglia); JULLIAN, *Histoire de la Gaule*, cit., II, p. 157, n. 4 (per l'identificazione del sito dello scontro).

se continuava così, concluse pessimisticamente Diviziaco, con arte retorica appresa probabilmente durante un suo precedente soggiorno in Italia, ai Galli sarebbe toccato lo stesso destino degli Elvezi, ovvero di essere cacciati dalle loro stesse terre e di vagare raminghi in cerca di nuove sedi. Era dunque necessario che Cesare intervenisse in favore dei Galli, dato che lui solo, al momento, poteva stornare la minaccia dell'invasione germanica[154].

In uno studio che, magari al di là dei pregi e dei meriti che gli sono stati attribuiti dalla critica, è divenuto ormai un classico ineludibile per chiunque voglia approfondire le vicende di Cesare, ovvero *L'art de la déformation historique dans les* Commentaires *de César*, di Michel Rambaud (è appena il caso di rilevare che il saggio non è altro che la giustificazione costante della tesi contenuta nel titolo), l'autore insiste nel sostenere che il racconto della minaccia costituita da Ariovisto e dai Germani non sia altro che un "mettere le mani avanti" da parte di Cesare per giustificare il suo intervento armato in faccende al di fuori della sua stretta competenza di proconsole della Provincia[155]. Noi riteniamo invece che la minaccia sottolineata con forza da Diviziaco e dai Galli fosse invece ben reale e che l'intervento di Cesare abbia ritardato di quasi mezzo millennio le invasioni germaniche che avrebbero sommerso la Francia nel V secolo. Ma andiamo con ordine.

Cesare, tramite dei messi, chiese ad Ariovisto un colloquio chiarificatore, palese indice della buona volontà del proconsole di risolvere la questione in modo diplomatico, senza l'uso delle armi. La situazione giuridica del re germanico era delicata, in quanto lo stesso Cesare, durante il suo consolato del

---

[154] CESARE, *De bello Gallico*, I, 31; RICE HOLMES, *Caesar's Conquest…*, cit., pp. 57-58; VIRGILIO, *Bucoliche*, 1, 61-62 (per l'arte dell'eloquenza appresa o affinata da Diviziaco in Italia).

[155] M. RAMBAUD, *L'art de la déformation historique dans les Commentaires de César*, Les Belles Lettres, Paris 2011⁴ 115-117.

59 a.C., gli aveva conferito il titolo di "amico ed alleato del popolo romano", ma anche gli Edui, da costui ora minacciati, erano ufficialmente "fratelli" e "alleati" di Roma, ragion per cui era preliminarmente necessario dipanare l'intricata matassa venutasi a creare[156].

Ariovisto rispose con arroganza all'ambasceria di Cesare: disse che al momento lui non aveva alcun bisogno di parlamentare con il proconsole, e se mai avesse avuto questa necessità sarebbe stato Cesare a doversi recare da lui, e non viceversa. Non era poi il caso che lui, Ariovisto, osasse andare nella parte di Gallia controllata da Cesare senza farsi accompagnare dal suo esercito al gran completo, cosa del resto non fattibile per problemi logistici e di approvvigionamento dei suoi uomini. Concludeva lo sprezzante messaggio domandandosi retoricamente di che cosa si impicciassero Cesare ed i Romani degli affari interni della parte di Gallia da lui conquistata e detenuta con il diritto delle armi[157].

Nonostante il tono provocatorio della risposta, Cesare tentò ancora di mostrarsi conciliante in una nuova missiva ricordò ad Ariovisto i benefici che il Senato e lui stesso gli avevano concesso chiamandolo "amico ed alleato del popolo romano", ed invitandolo, nell'interesse della pace comune alle seguenti azioni: 1) far cessare, sotto il suo evidente patrocinio, il passaggio di orde di Germani attraverso il Reno dalla Germania alla Gallia; 2) restituire gli ostaggi ricevuti dagli Edui e permettere la stessa cosa ai Sequani; 3) astenersi dalla guerra e da azioni che avrebbero pregiudicato la pace nei confronti degli Edui. se avesse ottemperato a queste ragionevoli richieste avrebbe goduto di tutti i vantaggi politici dell'alleanza con Roma, in caso contrario, dato che egli, Cesare, era stato investito dal

---

[156] A. FERRABINO, *Cesare*, Orsa Maggiore Editrice, Torriana (Foggia) 1990, pp. 41-42; S. VALZANIA, *L'arte del comando. Alessandro Magno, Giulio Cesare e Napoleone*, Newton Compton, Roma 2015, p. 72.
[157] CESARE, *De bello Gallico*, I, 34; RICE HOLMES, *Caesar's Conquest...*, cit., pp. 58-59.

Senato della possibilità di difendere con ogni mezzo gli Edui e gli altri alleati dei Romani, non avrebbe esitato a imporgli con le armi quanto necessario a garantire la pace[158].

Sulla scorta di quanto affermato da Cassio Dione («[Cesare] fece questo non perché credesse di paventarlo, ma perché sperava di irritarlo: in questo modo avrebbe avuto un motivo di guerra molto efficace ed opportuno»)[159] molti storici moderni hanno tentato di dimostrare la malafede di Cesare e il suo desiderio di provocare un conflitto non necessario, ma dobbiamo ricordare che il territorio occupato da Ariovisto, vasto circa 6.000 km^2 e situato in Alsazia, distava appena 120 km dal territorio romano della Provincia[160], stava commettendo, in nome di un opinabile diritto di conquista, diverse vessazioni nei confronti di alleati di Roma e di certo aveva mire espansionistiche che non avrebbero sicuramente un futuro pacifico della regione.

Ad ogni modo Ariovisto, nella sua replica a questa sorta di ultimatum, rise delle pretese di Cesare: egli, ribatté per iscritto, era un conquistatore, e poteva trattare i suoi sudditi nel modo che più gli aggradava; in fin dei conti i Romani, ne confronti dei popoli che avevano sottomesso, non agivano nello stesso modo? (Qui, evidentemente, il re germanico sorvolava volutamente sul rispetto dello *ius gentium* – o diritto dei popoli – osservato dalla legislazione romana)[161]. Che diritto avevano, insomma, di interferire con i suoi affari interni? Era naturalmente più che disposto a non molestare gli Edui (affermazione falsa, come vedremo a breve), fintantoché questi avessero accettato di

---

[158] CESARE, *De bello Gallico*, I, 35; NAPOLEONE III, *Storia di Giulio Cesare*, cit., p. 44..

[159] DIONE CASSIO, *Storia Romana*, XXXVIII, 34.

[160] AGAZZI, *Giulio Cesare stratega…*cit., p. 35.

[161] Sullo *ius gentium* nel diritto romano si veda la definizione di GAIO, *Istituzioni*, I, 1: «Ciò che invece ha stabilito la *naturalis ratio* tra tutti gli uomini viene in eguale misura osservato presso tutti i popoli ed è chiamato *ius gentium*, quasi come del diritto di cui si servono tutte le genti. E così il popolo romano si serve in parte del diritto proprio, parte del diritto comune a tutte le genti ».

versare regolarmente il tributo che gli dovevano, ma in quanto a restituire gli ostaggi ricevuti, non se ne parlava. E se non avessero più voluto pagare quanto imposto, l'amicizia con il popolo romano non li avrebbe di certo salvati dalla sua prevedibile reazione: nessuno, neanche Cesare, avrebbe mai potuto sfidare Ariovisto e sfuggire poi alla meritata distruzione. Lui non si curava di quanto Cesare decideva all'interno dei confini della sua Provincia, perché mai doveva avvenire il contrario? Se Cesare era proprio intenzionato ad impicciarsi, gli conveniva tenere a mente che da 14 anni i suoi Germani non conoscevano sconfitta, e il loro tenore di vita era così rude da impedire ormai loro di dormire sotto un tetto![162]

Oltre a quest'insolente missiva di Ariovisto, Cesare ricevette contemporaneamente le ambascerie degli Edui e dei Treviri, gruppo celtico stanziato sulla Mosella: i primi si lamentavano che gli Arudi, impossessatisi a forza di parte del loro territorio, compivano impunemente stragi, rapine e devastazioni, incuranti che avessero consegnato, come richiesto, ostaggi ad Ariovisto, pur di comprare una parvenza di pace; i Treviri invece lo informavano che ben 100 tribù di Suebi, comandate dai principi fratelli Nasua e Cimberio, radunatisi a ridosso delle rive del Reno, stavano tentando di attraversarlo per penetrare a loro volta in Gallia[163].

Cesare divenne giustamente ancora più preoccupato: se questi nuovi rinforzi di Suebi si fossero uniti alle vecchie truppe di Ariovisto, batterli sarebbe divenuto assai più problematico. Decise allora di adottare una tattica che, secoli dopo, sarà adoperata con grande profitto anche dal migliore allievo di Cesare, Napoleone: marciare in velocità, attaccare il nemico mentre era ancora separato dai rinforzi, in modo da poter contare su una relativa superiorità numerica nello scontro, e infine

---

[162] RICE HOLMES, *Caesar's Conquest…*, cit., p. 59; JULLIAN, *Histoire de la Gaule*, cit., II, p. 227.
[163] CESARE, *De bello Gallico*, I, 37.

metterlo fuori gioco, per poi essere libero di volgersi verso i rimanenti avversari.

Per prima cosa Cesare marciò rapidamente sulla capitale dei Sequani, Vesontio (l'odierna Besançon), città ben fornita di scorte alimentari e naturalmente fortificata dalla sua posizione, trovandosi circondata quasi per intero dai meandri del fiume Doubs, affluente della Saona, e protetta dall'unico lato "libero" da un monte, il Mont de Buis. Anche Ariovisto aveva avuto la stessa idea, ma Cesare fu più veloce, entrando in città alla testa delle sue truppe in pochi giorni, nell'agosto del 58 a.C.[164]

I mercanti presenti in città sparsero però il terrore fra i legionari parlando dell'imponenza fisica e della selvaggia forza dei Germani, tanto che molti iniziarono a redigere i propri testamenti o pensavano addirittura di rifiutarsi di combattere. Per troncare subito con questo pernicioso stato d'animo, Cesare arringò le legioni con un memorabile discorso, in cui profuse tutta la sua abilità dialettica e che merita di essere riportato per intero[165]: «Cesare, messo in allarme, riunì il consiglio di guerra e convocò anche i centurioni di ogni grado. Li rimproverò aspramente, perché, soprattutto, avevano la presunzione di chiedersi e di rimuginare dove li portasse e con quali intenzioni. Sotto il suo consolato, Ariovisto aveva ricercato con molta ansia l'amicizia del popolo romano: chi poteva immaginarsi che sarebbe venuto meno ai propri doveri così avventatamente? Dal canto suo, era convinto che Ariovisto, conosciute le richieste e constatata l'equità dei patti proposti, non avrebbe respinto l'appoggio di Cesare e del popolo romano. E se, spinto da un demenziale impulso, avesse mosso guerra ai Romani, che cosa mai dovevano temere? Che motivo c'era di non aver più fiducia nel valore dei soldati o nella sua efficienza di generale? Ai tempi dei loro padri avevano già affrontato il pericolo rappresentato da

---

[164] AGAZZI, *Giulio Cesare stratega...*cit., pp. 36-37; A. BAILLY, *Giulio Cesare*, Bemporad, Firenze 1933, p. 95 (per la data).

[165] CESARE, *De bello Gallico*, I, 40; DANDO-COLLINS, *La Legione di Cesare*, cit., p. 45.

quei nemici, quando i Cimbri e i Teutoni erano stati sconfitti da Caio Mario e l'esercito si era meritato non meno gloria del comandante stesso; un pericolo simile lo avevano corso, e non erano passati molti anni, anche in Italia con la rivolta degli schiavi, che però si erano avvalsi della pratica e della disciplina imparate dai Romani. Tali esempi permettevano di giudicare come sia positiva in simili circostanze la fermezza d'animo: proprio il nemico, temuto a lungo e senza motivo quando era privo d'armi, lo avevano successivamente sconfitto quando era armato e già vincitore. Infine, i Germani erano lo stesso popolo con il quale gli Elvezi si erano più volte scontrati, non solo nei propri territori, ma anche nei loro, riportando la vittoria nella maggior parte dei casi. E gli Elvezi non erano riusciti a tener testa all'esercito romano. Chi era rimasto scosso perché i Galli erano stati sconfitti e messi in fuga, avrebbe scoperto, se si fosse informato, che Ariovisto aveva logorato i suoi avversari con una guerra di attesa, tenendosi per molti mesi in un accampamento tra le paludi, senza esporsi mai. Poi, quando ormai i Galli disperavano di poter combattere e si erano disuniti, li aveva assaliti, riuscendo, così a sconfiggerli grazie ai suoi calcoli e ai suoi piani più che al suo valore. Ma se c'era spazio per questi calcoli contro dei barbari privi di esperienza militare, neppure Ariovisto stesso si illudeva di poter così sorprendere il nostro esercito. Chi esprimeva il proprio timore, fingendo di essere preoccupato per le scorte di grano e per la strada molto stretta, era un insolente, perché osava negare il senso del dovere del comandante o addirittura voleva impartirgli delle direttive. I suoi compiti di comandante erano di indurre i Sequani, i Leuci e i Lingoni a fornire il grano, ormai maturo nei campi; quanto alla strada, avrebbero giudicato tra breve essi stessi. Se si mormorava che i soldati non avrebbero eseguito gli ordini, né levato il campo, non se ne curava affatto: conosceva, infatti, casi di disobbedienza da parte delle truppe, ma si trattava di comandanti che avevano fallito un'impresa ed erano stati abbandonati dalla fortuna dei quali era stato scoperto qualche misfatto e dimostrata l'avidità.

Ma tutta la sua vita comprovava la sua onestà, la guerra contro gli Elvezi la sua fortuna. Perciò avrebbe dato subito l'ordine che voleva rimandare a più tardi: avrebbe levato le tende la notte successiva, dopo le tre, per accertarsi al più presto se in loro prevaleva la vergogna, unita al senso del dovere, oppure la paura. E se, poi, nessuno lo avesse seguito, si sarebbe messo in marcia, comunque, con la sola Decima Legione, su cui non aveva dubbi: sarebbe stata la sua coorte pretoria[166]. Nei confronti della Decima Legione Cesare aveva avuto una benevolenza particolare e in essa riponeva la massima fiducia per il suo valore».

Il discorso ebbe l'effetto di una sferzata sui legionari, che si dichiararono prontissimi a seguirlo ovunque: per primi, naturalmente, gli uomini della Decima Legione, che confermarono la fiducia riposta in loro ringraziandolo, poi anche i militi delle altre legioni, che inviarono centurioni e tribuni a chiedere perdono per la paura dimostrata.

Pronto alla partenza, Cesare lasciò Vesontio seguendo l'itinerario indicato dal fedele Diviziaco, e in sette giorni marcia ininterrotta arrivò a soli 35 km dal luogo ove erano stanziate le truppe di Ariovisto. Venuto a sapere del suo arrivo, Ariovisto cominciò ad impensierirsi, quindi ritenne saggio addivenire ad un abboccamento e capire le intenzioni di Cesare; nella nuova lettera che gli spedì non mancò la solita nota di boria, affermando che – dato che Cesare aveva acconsentito a venire lui per primo – ora non v'erano ragioni perché gli si rifiutasse un colloquio. Da parte sua Cesare, ignorando il tono di sufficienza del messaggio, sperò che Ariovisto, memore dei passati benefici, fosse rinsavito e si dimostrasse più disponibile ad accogliere le sue richieste e a mantenere la pace. Il colloquio fu fissato dunque per cinque giorni dopo ed il re germanico, timoroso di un agguato, chiese

---

[166] Spiega il generale ZOPPI (n. 100, p. 71 delle note militari ai *Commentarii*) che «la coorte pretoria era una specie di guardia del corpo del comandante formata dai più valorosi soldati dell'esercito e con speciali privilegi», istituita per la prima volta da Scipione Emiliano durante l'assedio di Numanzia.

delle condizioni ben precise: Cesare non avrebbe condotto con sé nessun fante ma solo con cavalieri, altrimenti non se ne faceva niente[167].

L'incontro ebbe infine luogo in una zona collinare dell'Alsazia, ai piedi della catena montuosa dei Vosgi, non molto lontano da Mulhouse, sul fiume[168]. Non fidandosi di farsi scortare da cavalieri ausiliari galli, Cesare fece montare ad alcuni legionari della Decima, di cui invece si fidava ciecamente, i cavalli degli Edui, al che un soldato, spiritosamente, esclamò: «Cesare va oltre la sua promessa: doveva farci pretoriani e ci ha resi invece cavalieri!».

Finalmente Cesare ed Ariovisto erano faccia a faccia, scortati, come voleva il re germanico, solo da una decina di cavalieri ciascuno; i due gruppi si fermarono a 200 passi di distanza l'uno dall'altro e la lingua adoperata nel colloquio fu il gallico, che Ariovisto conosceva bene, mentre Cesare si avvalse di un interprete[169]. Il proconsole, stando in sella ad un destriero bianco, contemplò con serenità l'ardito avversario che gli parava innanzi, gli rammentò gli onori e i segni di amicizia di cui era stato fatto oggetto in passato da lui stesso e da Roma, onori a dire il vero non comuni, e rinnovò le sue precedenti richieste riguardo al trattamento degli Edui.

Senza scomporsi, Ariovisto definì puntigliosamente la sua situazione: egli era stato chiamato ad attraversare il Reno dalle richieste di aiuto dei Galli ed il territorio che attualmente occupava gli era stato formalmente ceduto da costoro in base ad accordi ben precisi. Non era stato lui ad attaccarli per primo, ma erano stati i Galli a scagliarglisi contro con un'armata, che egli aveva completamente disfatto in battaglia: se erano desiderosi di riprovarci, che facessero pure, lui non aveva obiezioni, tanto

---

[167] CESARE, *De bello Gallico*, I, 42.
[168] NAPOLEONE III, *Storia di Giulio Cesare*, cit., n. 25, p. 52; AGAZZI, *Giulio Cesare stratega...*cit., p. 38.
[169] GOLDSWORTHY, *Cesare*, cit., p. 267.

l'esito sarebbe stato lo stesso. Se costoro volevano la pace che continuassero a versargli il tributo, su ciò non transigeva. Lui, Ariovisto, era stato nominato "amico ed alleato del popolo romano": ebbene, questo bel titolo doveva essere un ornamento ed una promessa d'aiuto per la sua naturale potenza e non un impedimento. Se, per mantenere l'amicizia di Roma, era costretto a rinunciare al tributo che gli spettava e all'obbedienza dei suoi vassalli, allora vi rinunciava volentieri e con lo stesso entusiasmo con cui l'aveva chiesta inizialmente[170].

Ariovisto rincarò la dose, dicendo chiaro e tondo che non comprendeva affatto perché i Romani si immischiassero nelle sue faccende, penetrando con un esercito laddove nessun Romano era mai entrato prima, quasi fossero degli invasori: in fin dei conti, cosa volevano? Lui non osava di certo penetrare in armi nella Provincia romana e poi magari pretenderne il territorio occupato. E del resto, che valore aveva il fatto che chiamassero gli Edui "fratelli" del popolo romano? Forse che gli Edui li avevano aiutati nella rivolta degli Allobrogi contro Roma del 61 a.C.? O i Romani erano mai corsi in soccorso degli Edui nelle loro guerre contro i Sequani o contro lui stesso? No, la verità era palese: con pretesti e atteggiamenti all'apparenza concilianti, Cesare era ora alla testa di un esercito per attaccare i Germani. Orbene, stando così le cose, che se ne andasse subito, altrimenti lo avrebbe trattato come un nemico, attaccandolo. Non era così all'oscuro delle vicende interne di Roma da non sapere che avrebbe fatto un favore a molti suoi avversari politici, togliendolo di mezzo. Viceversa, se si fosse ritirato entro i confini della Provincia, gli garantiva fin da ora il suo appoggio.

La tracotanza del barbaro non lasciava molto spazio per le trattative, ma Cesare tentò ugualmente di replicare, tracciando una breve sintesi degli interventi romani in Gallia, tesi a

---

[170] CESARE, *De bello Gallico*, I, 44; RICE HOLMES, *Caesar's Conquest...*, cit., p. 63; WALTER, *César*, Albin Michel, Paris 1947, pp. 131-132 (per il particolare del cavallo bianco di Cesare); AGAZZI, *Giulio Cesare stratega...*cit., p. 38.

preservarne in ultima istanza la libertà, quando venne improvvisamente interrotto da un soldato che gli riferiva come gruppi di Germani avevano appena attaccato i cavalieri romani con lanci di sassi e frecce, e che altri nemici si stavano avvicinando pericolosamente al monticello su cui si stava tenendo il conciliabolo. Subodorando giustamente una trappola per prenderlo prigioniero, Cesare interruppe bruscamente il colloquio, dando ordine ai suoi di seguirlo e di riguadagnare l'accampamento. Prima di afferrare le redini del proprio destriero e galoppare a spron battuto verso il campo romano, lanciò probabilmente un'occhiata in tralice ad Ariovisto, cogliendone al volo la malafede[171].

Il giorno seguente il capo suebo chiese un nuovo incontro per chiarire il disguido del giorno precedente: se non avesse voluto, poteva inviare in sua vece dei legati. Tuttavia Cesare, non fidandosi più di lui, mandò presso i barbari uno dei suoi amici, tale Marco Mezio, che in passato aveva intrattenuto cordiali rapporti di ospitalità con Ariovisto, assieme ad un ufficiale gallo-romano, Gaio Valerio Procillo, esperto conoscitore dell'idioma celtico, lingua in cui si esprimeva bene il capo suebo. Ariovisto gettò però la maschera non appena i legati romani ebbero messo piede nel suo accampamento: con un brusco voltafaccia, che svelava la sua vera indole, chiese loro in modo aggressivo che cosa erano venuti a fare e se per caso non fossero delle spie. Senza dare loro modo di rispondere li fece arrestare. A questo punto la guerra diventava inevitabile.

Nei giorni successivi Cesare rifiutò ulteriori colloqui chiesti da Ariovisto (evidentemente la mancata imboscata del primo abboccamento e l'arresto immotivato dei due malcapitati ambasciatori dovevano avergli fatto comprendere l'inutilità e la pericolosità di simili trattative), al che il re barbaro, a partire dal medesimo giorno dell'arresto dei due emissari, iniziò a spostare il suo accampamento progressivamente più a sud, giungendo

---

[171] CESARE, *De bello Gallico*, I, 44; AGAZZI, *Giulio Cesare stratega*...cit., pp. 38-39.

dapprima a Mulhouse, nei pressi del Monte Glassberg – un rilievo posto a 25 km a meridione dei Vosgi – da dove distava solamente 6 miglia (poco più di 8 chilometri) dall'accampamento romano, fino a posizionarlo in seguito a soli 3 chilometri da quello di Cesare, in modo da trovarsi alle sue spalle e tagliare ai nemici le vie di rifornimento e di ritirata; la zona era quella fra Ostheim, Gemar e Cernay, a soli 7 chilometri dalle rive del Reno. Cesare, a sua volta, provocò gli Suebi a venire allo scontro, schierando le legioni fuori dal campo ogni mattina, protette dall'artiglieria, per almeno cinque giorni di fila. Ariovisto però pareva rifiutare ostinatamente e incomprensibilmente lo scontro, limitandosi a qualche schermaglia di cavalleria, accompagnata da pochi fanti collaboratori dei cavalieri, impiegando in queste operazioni non più di 12.000 uomini sui ben 120.000 di cui disponeva[172].

Nel tentativo di rompere questa situazione di stallo, Cesare ordinò di costruire un accampamento minore, inviando – per eseguire i lavori necessari – sei legioni (circa 25.000 uomini) disposte su tre linee oltre il campo dei Germani, ad una distanza di 600 passi (vale a dire 880 metri). Le prime due linee rimasero in armi in posizione di difesa, mentre la terza iniziò i lavori di costruzione del campo. Intuendo la pericolosità della mossa (se avessero terminato la costruzione Sequani ed Edui avrebbero di nuovo potuto rifornire i Romani di vettovagliamenti), Ariovisto inviò 16.000 guerrieri per impedire l'operazione, nonché tutta la cavalleria di cui disponeva. Il tentativo fallì, i Romani respinsero senza problemi i Germani e Cesare lasciò due legioni a presidiare il nuovo campo minore, mentre le altre quattro tornarono in quello principale[173].

---

[172] FREDIANI, *Le grandi battaglie di Giulio Cesare*, cit., p. 133; AGAZZI, *Giulio Cesare stratega…*cit., p. 39.

[173] CESARE, *De bello Gallico*, I, 49; AGAZZI, *Giulio Cesare stratega…*cit., p. 42, considera la manovra di costruzione del campo minore tatticamente errata, in quanto Cesare impegnò tutte le sue forze per costruirlo, lasciando sguarnito in tal modo il campo principale: se Ariovisto se ne fosse accorto, nulla gli avrebbe

Il giorno seguente Cesare fece uscire tutte le legioni dai due accampamenti, disponendole in ordine di battaglia, poco distante dal campo maggiore; i Suebi però non accettarono neanche stavolta di ingaggiare il combattimento e il proconsole, dopo una vana e snervante attesa, ordinò ai legionari di rientrare nei rispettivi accampamenti. Mentre ciò accadeva Ariovisto ordinò un attacco – abbastanza violento – contro l'accampamento minore romano. Lo scontro si concluse verso sera con molte perdite da ambo le parti ma con un nulla di fatto, tuttavia da alcuni prigionieri germanici Cesare venne a conoscenza di un'informazione decisiva: il motivo per cui Ariovisto non si decideva a combattere era che alcune divinatrici (questo ruolo presso i Germani era svolto dalle madri di famiglia), tramite sortilegi e vaticini, avevano svelato che i Suebi non avrebbero vinto la guerra se avessero attaccato battaglia prima dell'avvento della luna nuova (vale a dire prima del 18 settembre)[174].

Forte di questa nuova informazione e deciso ad approfittarne (se avesse costretto Ariovisto a combattere nonostante il divieto religioso, i suoi superstiziosi guerrieri avrebbero probabilmente ceduto più facilmente), Cesare fece uscire ancor una volta le truppe dagli accampamenti, lasciandovi solo un presidio, disponendo tutta la fanteria ausiliaria leggera (composta da frombolieri delle Baleari e da Numidi), davanti al campo minore, per mascherare l'inconsistenza numerica dei legionari, poi dispose l'armata su tre linee ed avanzò verso l'accampamento nemico.

I Germani, sebbene riluttanti, furono allora costretti ad

---

impedito di sferrare contro di esso un attacco in forze; ciò tuttavia non avvenne perché – come vedremo a breve – il re suebo era trattenuto da considerazioni religiose, anche se questo Cesare, al momento, non poteva ancora saperlo.

[174] CESARE, *De bello Gallico*, I, 50; per il prestigio delle donne presso i Germani cfr. TACITO, *Germania*, 7-8. Stando a PLUTARCO, *Vita di Cesare*, 19, i vaticini delle sacerdotesse germaniche consistevano nell'osservare i vortici dei corsi d'acqua e dedurre da essi gli auspici, in base ai rumori e ai giri della corrente.

uscire dall'accampamento, disponendo i gruppi di guerrieri a seconda delle sette tribù di appartenenza: Arudi, Marcomanni, Triboci, Mangioni, Nemeti, Sedusi e, naturalmente, Suebi. Tutt'intorno allo schieramento disposero i carri, su cui viaggiavano le famiglie e i civili, in modo da costituire, in caso di ritirata, un baluardo temporaneo. Le donne, racconta Cesare con grande *pathos*, nel vedere i propri mariti andare verso lo scontro, tendevano loro in lacrime le mani, implorando di non lasciarle in balia dei Romani[175].

Cesare intanto mise un legato o un questore al comando di ciascuna legione, piazzandosi poi personalmente nell'ala destra, sia per infondere maggior valore e coraggio ai suoi, sia perché, ritenendo l'ala sinistra germanica più debole, sperasse di farla cedere in breve tempo e di scompaginare così l'intero schieramento avversario; alle proprie spalle, nelle retrovie, pose la cavalleria comandata dal giovane ma brillante Publio Licinio Crasso, figlio dell'omonimo triumviro, quasi a ridosso degli spalti dell'accampamento minore[176].

L'avvio dello scontro fu violento e furioso, non dando nemmeno il tempo per le consuete scariche di *pila* e giavellotti a distanza, ma cominciando subito con violenti cozzi di spade, in un corpo a corpo furibondo. Alcuni gruppi di Germani, serratisi a falange e proteggendosi dietro gli scudi, sostennero l'urto delle legioni, ma poi vacillarono, allorché qualche coraggioso Romano saltò temerariamente sulle teste del nemico, strappando via gli scudi a mani nude e ferendoli dall'alto[177]. la forza d'impeto dei legionari fu tale che i Germani non riuscirono ad adoperare con efficacia le loro lunghe spade, ben più ingombranti dei corti gladi ispanici dei Romani, e poco adatte alla serrata formazione a falange che avevano adottato.

---

[175] CESARE, *De bello Gallico*, I, 51.
[176] RICE HOLMES, *Caesar's Conquest…*, cit., p. 66; JULLIAN, *Histoire de la Gaule*, cit., II, p. 237.
[177] CESARE, *De bello Gallico*, I, 53.

Contrariamente alle previsioni di Cesare, l'ala destra dei Germani non solo resistette, ma passò ad un feroce contrattacco; resosi conto della situazione, il giovane Publio Crasso inviò la terza linea dei legionari in soccorso dei commilitoni in evidente difficoltà, al che la pressione dei barbari scemò in poco tempo. Arroccatisi a loro volta in posizioni difensive simili a tante testuggini di scudi, i barbari costrinsero i Romani, per avere la meglio, a scagliarglisi contro con una veemenza ed una rabbia raddoppiate, tempestandoli di colpi finché anche questa formazione non cedette ed iniziò il massacro generale[178].

Chi riuscì si rifugiò nei carriaggi per proteggere mogli e figli e per trovare momentaneo scampo, ma poi i legionari assalirono anche questa barricata e i più si diedero ad una fuga disordinata e disperata verso est, dato che la riva del Reno distava solo 5 miglia (7,5 km all'incirca) dal luogo della battaglia. Cesare non ostacolò eccessivamente la loro fuga, per evitare che la disperazione li spingesse a resistere ad oltranza[179]. Il fiume, data la sua larghezza ed impetuosità, era inguadabile, e molti morirono annegati nell'estremo tentativo di trovarvi scampo a nuoto o su imbarcazioni di fortuna. Ariovisto, ferito nel furioso combattimento, si salvò a fatica, pur lasciando due figlie (una delle quali morì) e due mogli (che perirono entrambe) in mano ai Romani; passò il Reno a bordo di una barchetta che scovò ormeggiata lungo la sponda ma fu ucciso in seguito da una tribù germanica che gli era ostile, probabilmente gli Ubi. Cesare invece ebbe la gioia di ritrovare i suoi ambasciatori, Valerio Procillo e Marco Mezio, salvi nel campo nemico; Procillo gli raccontò che per ben tre volte le divinatrici avevano gettato le sorti per farlo bruciare vivo, ma che il destino, fortunatamente, aveva voluto altrimenti[180].

---

[178] Cassio Dione, *Storia Romana*, XXXVIII, 49; Orosio, *Storie contro i pagani*, VI, 7, 10; Agazzi, *Giulio Cesare stratega...*cit., p. 44.

[179] Frontino, *Stratagemmi*, II, 3, 6.

[180] Napoleone III, *Storia di Giulio Cesare*, cit., III, p. 161; Rice Holmes, *Ancient Britain...*, cit., p. 340; Agazzi, *Giulio Cesare stratega...*cit., p. 90.

Plutarco (*Vita di Cesare*, 19) dice che in quello scontro trovarono la morte ben 80.000 nemici. Per Cesare si trattò di una vittoria straordinaria, che eliminò di fatto il pericolo imminente di una germanizzazione della Gallia, garantì ai Romani il controllo della Gallia centrale, ristabilì il prestigio degli Edui alleati sulle altre tribù e consentì al proconsole di stabilire una solida base operativa avanzata a Vesontio. Chiosa giustamente Jérôme Carcopino[181]: «Questa seconda vittoria di Cesare fu molto più importante di quella riportata sugli Elvezi; fu anzi il suo compimento: le diede il giusto significato e consacrò il nuovo ordine di cose che silenziosamente si stava instaurando. Respingendo gli Svevi al di là del Reno, la barriera naturale che per tre secoli avrebbe arrestato il flusso della barbarie, tale vittoria salvava la Gallia dall'invasione dell'impero germanico, ma contemporaneamente e in modo evidente attribuiva a Roma, che aveva ingaggiato e vinto la battaglia con i soli legionari, il diritto di governare sovranamente i popoli che, grazie all'intervento degli Edui, si erano affidati alla sua protezione».

Approssimandosi la brutta stagione, Cesare rientrò in territorio romano, trasferendosi poi nella Cisalpina per espletarvi i suoi doveri civili e magistratuali e per tenere d'occhio più da vicino l'evolversi della situazione politica in Italia. Tuttavia lasciò Labieno con le legioni nell'accampamento invernale di Vesontio[182], al fine di non sguarnire il territorio degli alleati di truppe e indurre i Germani a crederlo indifeso e maturo per una nuova invasione. Così si concludeva, brillantemente, il primo anno del comando di Cesare nelle Gallie.

*

* *

---

[181] J. Carcopino, *Giulio Cesare*, Bompiani, Milano 2001^2, pp. 277-278.
[182] Napoleone I, *Le guerre di Cesare*, cit., p. 36; Rice Holmes, *Caesar's Conquest...*, cit., pp. 67-68.

Se la conquista (almeno inizialmente) di alcuni territori gallici rispondeva ad un'esigenza tattica e strategica, le due spedizioni di Cesare nella misteriosa e remota Britannia rispondevano invece ad un iduplice intento: intimorire i Galli che dai lontani "parenti" dell'isola di Albione si attendevano soccorsi contro i Romani e soddisfare esigenze esplorative che Cesare aveva coltivato fin dalla giovinezza, colpendo al contempo favorevolmente l'impressionabile opinione pubblica romana, compiendo un'impresa fino allora ritenuta impossibile.

Allo scopo di iniziare la propria spedizione, Cesare aveva frattanto convocato a Boulogne diversi capi gallici, che intendeva portare con sé in Britannia per garantirsi che non scoppiassero rivolte alle sue spalle mentre era assente dal continente. Tra questi vi era Dumnorige, l'infido fratello minore del druido Diviziaco, che già abbiamo visto favorire in passato, a scopo di accrescimento del proprio potere personale, l'invasione degli Elvezi. Dumnorige cercò di evitare l'imbarco, tirando in ballo, oltre alle precarie condizioni di salute, un tabù religioso che gli impediva di lasciare la Gallia; questa sorta di "proibizioni magiche" (*gaesa*) che, una volta infrante, assicuravano la morte al trasgressore, ci sono documentate dai testi irlandesi sul mitico eroe Cuchulainn e dovevano essere molto comuni fra i guerrieri celtici[183].

---

[183] Si veda il testo *La morte di Cuchulainn* in G. AGRATI, M.L. MAGINI (a cura di), *La Saga irlandese di Cuchulainn*, Mondadori, Milano 1994[6], pp. 255-285: alla nascita gli vennero prescritti dei *gaesa* (divieti), fra cui vi era quello di non rifiutare l'invito a partecipare ad un pasto e non mangiare carne di cane. La sua esistenza si concluse proprio a causa della violazione di questi *gaesa*, quando i suoi nemici, che avevano fatto fronte comune, lo invitano a partecipare al pasto di un cane arrostito dopo averlo indebolito con l'aiuto di arti magiche. Diviso tra i suoi *gaesa*, Cuchulainn è vinto. Rifiutando di mangiare carne di cane, egli accetta la morte ma legandosi ad un pilastro per continuare a combattere. I nemici continuano a trafiggerlo anche dopo la sua morte, temendo persino il suo cadavere. Solo quando la dea Morrighan, che svolazzava sotto forma di corvo sopra di lui e che egli non riconobbe, si accovaccia sulla spalla dell'eroe nella forma di corvo, tutti capiscono che Cuchulainn è definitivamente caduto.

Vista l'irremovibilità di Cesare in questo senso, e dopo aver tentato di sobillare invano gli altri capi galli, Dumnorige e i suoi cavalieri fuggirono nottetempo dal campo romano, ma il proconsole diede ordine di inseguirlo. Raggiunto, Dumnorige sfidò i cavalieri romani, proclamando con fierezza di essere un uomo libero di un popolo altrettanto libero; nel combattimento che ne seguì venne ucciso. È improbabile che suo fratello maggiore, Diviziaco, fosse ancora vivo per implorarne la grazia (che Cesare gli avrebbe senz'altro concesso in nome della loro grande amicizia), ma in ogni caso la sua morte liberò il proconsole da un personaggio alquanto scomodo[184].

La flotta romana salpò dunque per la seconda volta verso l'Inghilterra al tramonto, ma – nuovamente – il proconsole e i suoi ufficiali sottovalutarono le difficili condizioni meteorologiche della Manica. Come sottolinea Adrian Goldsworthy[185]: «Il vento calò e le maree li portarono fuori rotta. La costruzione di un simile numero di navi in così breve tempo fu di sicuro un risultato notevole, ma non tutte poterono essere equipaggiate con navigatori esperti. Il modello delle nuove imbarcazioni, pur essendo adatto al trasporto di uomini, cavalli ed equipaggiamenti, e al loro sbarco sulle spiagge, non era però ideale per affrontare delle condizioni meteorologiche avverse. La fornitura di remi, tuttavia, si dimostrò estremamente vantaggiosa, in special modo se combinata con l'efficienza dei legionari nei lavori pesanti. Solamente con l'aiuto dei remi le navi romane riuscirono ad approdare sulla spiaggia».

La costa della Britannia fu raggiunta dall'intera flotta a mezzogiorno del dì seguente, mentre i Britanni, alla sola vista dell'imponente flotta di centinaia di navi, se la diedero a gambe, attestandosi in difesa sulle alture dell'interno. Mai più, sino nel corso della Storia, sarebbe sbarcata in Inghilterra una flotta

---

Il pilastro esiste ancora, a Knockbridge, nella Contea di Louth.

[184] GOLDSWORTHY, *Cesare*, cit., pp. 333-334.

[185] GOLDSWORTHY, *Cesare*, cit., p. 334.

d'invasione di simili dimensioni: l'Invincibile Armata spagnola che ritentò l'impresa – con esiti disastrosi – nel 1588 contava appena 130 vascelli e poco più di 19.000 soldati, contro le oltre 626 navi cesariane e gli oltre 30.000 legionari romani. Si può tranquillamente affermare, sulla scorta del generale britannico John Frederick Charles Fuller, che fu il più vasto dispiegamento di forze navali passato per la Manica fino al 1944, in piena II Guerra Mondiale. Lo sbarco avvenne stavolta con relativa facilità su di una lunga spiaggia tra Deal e Sandwich, poco più a nord dell'attracco dell'anno precedente, in un pittoresco tratto della costa del Kent che oggi ospita un campo da golf e qui fece costruire un poderoso accampamento sulla modesta altura presso il villaggio odierno di Worth[186].

Durante quella stessa notte Cesare, non appena ebbe ricevuto informazioni sulla posizione del nemico, lasciò due coorti e 300 cavalieri di guardia all'accampamento e della flotta, dopodiché guidò personalmente l'avanzata delle truppe nell'entroterra in direzione nord-ovest, proseguendo per una ventina di chilometri scarsi, fino all'altezza del fiume Little Stour, affluente del Great Stour. La cavalleria romana si scontrò sul corso d'acqua con i Britanni, che vennero però battuti e respinti nella foresta adiacente, dove trovarono riparo, grazie a dei baluardi costruiti ammassando tronchi d'albero abbattuti; i Britanni speravano infatti di far avanzare i Romani verso la boscaglia, per poi effettuarne repentine sortite e ritirarvisi al sicuro. Tuttavia non fu difficile per i legionari della VII formare la testuggine e costruire un terrapieno che permise loro di dare l'assalto ai miseri baluardi, conquistandoli e scacciandovi il nemico. Cesare impedì però di inseguire i sopravvissuti, dato che non conosceva bene la topografia della zona e intendeva impiegare il resto della giornata a fortificare il nuovo campo in

---

[186] RICE HOLMES, *Ancient Britain...*, cit., p. 335; DANDO-COLLINS, *La Legione di Cesare*, cit., pp. 79-80.

cui si erano testé acquartierati[187].

La mattina seguente, quando stava per mandare alcune forze a caccia dei Britanni fuggiaschi, Cesare ricevette una brutta notizia: un gruppo di cavalieri, capeggiati da Quinto Atrio, lo raggiunse dalla spiaggia informandolo che nel corso della notte una terribile tempesta aveva squassato le navi all'àncora, danneggiando gran parte della flotta[188].

Interrotte le operazioni, Cesare tornò alla spiaggia, dove constatò che 40 navi erano state seriamente danneggiate, mentre le altre difficilmente avrebbero potuto sostenere in modo efficace una lunga navigazione. Scelse alcuni operai e carpentieri dalle legioni per iniziare i lavori di riparazione, mentre al contempo scrisse a Labieno perché attivasse i fabbri e i falegnami che aveva con sé in Gallia per far costruire nuove imbarcazioni ed inviargliele il prima possibile, cosa che il legato compì diligentemente, mandando in Britannia ben 60 navi in pochi giorni. Ordinò poi di tirare in secca le navi, unendole alla palizzata dell'accampamento tramite un'unica fortificazione[189].

Nel frattempo i Britanni – si era ormai alla terza settimana di luglio del 54 a.C. – misero temporaneamente da parte le loro divergenze interne e formarono rapidamente una coalizione di tribù; nel corso di un'assemblea dei capi e dei notabili posero a capo delle forze confederate Cassivellauno, sovrano di un territorio situato a sinistra del Tamigi, sede dei Catuvellauni e confinante con i popoli del Cantium (l'attuale Kent); per essere un leader tribale, osserva il generale J.F.C. Fuller, si trattava di un comandante piuttosto abile, esperto anche delle tecniche della guerriglia. In passato Cassivellauno aveva sostenuto diverse guerre tribali per affermare la propria supremazia, ma ora, al comando di una vasta armata formata da numerosi alleati,

---

[187] CESARE, *De bello Gallico*, V, 9; NAPOLEONE III, *Storia di Giulio Cesare*, cit., III, pp. 157-159; AGAZZI, *Giulio Cesare stratega...*cit., p. 89.
[188] BEDA, *Storia Ecclesiastica degli Angli*, I, 2, 15; FULLER, *Caesar...*, cit., p. 124.
[189] CESARE, *De bello Gallico*, V, 10-11.

marciò per congiungersi alle bande armate del sud-est.

Anche Cesare riprese la propria avanzata, marciando per 80 miglia fino a raggiungere le rive del Tamigi (forse nei pressi di Brentford)[190], dove incontrò le truppe di Cassivellauno, pronte a contendergli il passo. Il capo britanno lanciò contro la cavalleria del proconsole furiose cariche di cavalieri ed essedari, ma queste vennero respinte senza soverchie difficoltà, ed il nemico si rifugiò nelle vicine foreste; alcuni cavalieri gallo-romani imprudenti, spintisi troppo addentro le selve, subirono gravi perdite e si ritirarono. I legionari presero allora ad erigere un campo fortificato nei pressi della foresta, ma dalla selva sbucarono all'improvviso torme di Britanni urlanti tinti di blu (colore che essi ricavavano dal guado[191]) che attaccarono gli invasori. I soldati romani si difesero bene, ma ad ogni buon conto Cesare inviò in loro supporto due coorti dei migliori veterani seguite da altre truppe, quando vide che la pressione dei barbari, anziché diminuire, stava aumentando ed i loro carri erano riusciti a passare fra i manipoli romani. Alla fine l'attacco venne respinto con strage dei nemici, anche se un tribuno, Quinto Laberio Duro, rimase sul campo[192].

A proposito di questo scontro, osserva Napoleone III[193]: «Quest'azione, davanti al campo e sotto gli occhi dell'esercito, lasciò vedere quanto la tattica romana era impropria a tal genere di guerra. Il legionario, armato pesantemente ed abituato a combattere in linea, non poteva né inseguire il nemico nella ritirata, né allontanarsi troppo dalle sue insegne. V'era svantaggio ancor più grande per i cavalieri. I Britanni, con una fuga simulata, li attiravano lontano dalle legioni, e allora, saltando giù dai carri, impegnavano a piedi una lotta ineguale; poiché, sempre sostenuti dalla cavalleria, erano altrettanto

---

[190] RICE HOLMES, *Ancient Britain...*, cit., p. 339; FULLER, *Caesar...*, cit., p. 125.

[191] Il guado (*Isatis tinctoria*) è una pianta da sempre conosciuta e apprezzata per le sue proprietà tintorie legate al colore blu .

[192] FULLER, *Caesar...*, cit., p. 125.

[193] NAPOLEONE III, *Storia di Giulio Cesare*, cit., III, p. 162.

pericolosi nell'attacco che nella difesa».

Il giorno successivo, anche se un po' demotivati a seguito del fallimento del giorno precedente, i Britanni tentarono nuovamente un assalto a sorpresa. Cesare aveva inviato un grosso contingente, formato da tre legioni e da numerosi squadroni di cavalleria, al comando del legato Gaio Trebonio, a raccogliere foraggio in una zona non distante da quella dello scontro del giorno precedente. Gli essedari uscirono nuovamente dall'adiacente foresta, attaccando con alte grida i Romani ma stavolta la loro carica si spezzò contro il muro delle legioni e la cavalleria, supportata solidamente dall'inamovibile cavalleria, stavolta li respinse e li inseguì, seminando un'autentica strage[194].

A questo punto Cesare, per fiaccare e spezzare la resistenza dei Britanni, decise di oltrepassare il Tamigi in un punto guadabile e di invadere i territori dello stesso Cassivellauno; i legionari caricarono nei loro bagagli scorte di cibo per alcuni giorni, non potendo contare su quello che avrebbero requisito nelle fattorie del nemico, abbandonate vuote o volutamente distrutte dagli occupanti e, partendo dai dintorni di Canterbury, passarono da Maistone e da Westerham, per poi tentare di attraversare il fiume non lontano da Brentford, forse a Sunbury, dove il guado era meno difficoltoso, essendo l'acqua profonda all'incirca 1,30 metri[195].

La riva sinistra era però stata precedentemente occupata dal nemico, che l'aveva fortificata con palizzate appuntite e da altri pali aguzzi immersi nell'acqua, attendendo a pie' fermo i Romani con un vasto dispiegamento di cavalieri ed essedari. Cesare utilizzò allora uno stratagemma geniale, ovvero fece avanzare, bardato di tutto punto, l'elefante da guerra che aveva fatto condurre dal continente e lo fece inoltrare nelle acque del Tamigi, di fronte agli occhi sbalorditi dei barbari, che in vita loro

---

[194] CESARE, *De bello Gallico*, V, 16-17; AGAZZI, *Giulio Cesare stratega...*cit., pp. 91-92.
[195] Così ipotizza NAPOLEONE III, *Storia di Giulio Cesare*, cit., III, pp. 163-164.

non avevano neanche mai sentito parlare del colossale pachiderma. Ma lasciamo la parola a Polieno[196]: «Cesare, essendo nell'isola di Britannia, voleva passare un gran fiume. Cassivellauno, re dei Britanni, vi s'opponeva con una cavalleria numerosa e molti carri. Cesare aveva un grandissimo elefante, animale che i Britanni non avevano mai visto; lo corazzò con piastre di ferro, gli pose sul dorso una gran torre guarnita d'arcieri e di frombolieri, tutti abili, e lo fece avanzare nel fiume. I Britanni furono presi dallo stupore all'aspetto d'un bestione così enorme, ch'era loro sconosciuto. È forse necessario dire che i loro cavalli si spaventarono, dal momento che si sa che, anche tra i Greci, la presenza d'un elefante mette in fuga i cavalli? Tanto più questi barbari non poterono sopportare la vista d'un elefante corazzato e caricato d'una torre donde volavano picche e dardi. Britanni, cavalli e carri, tutti presero la fuga; ed i Romani, mediante il terrore prodotto da un solo animale, passarono il fiume senza pericolo».

Una volta che il pachiderma ebbe disorientato e scompaginato i barbari, Cesare ordinò alla cavalleria e alla fanteria di avanzare, cosa che essi fecero con estremo slancio, anche se i fanti erano immersi nell'acqua quasi fino al collo. I cavalieri divelsero alcuni dei pali ficcati nel greto del fiume ed aprirono così un passaggio per i fanti; giunti sulla riva sinistra i Romani attaccarono in massa ed espugnarono l'accampamento nemico[197].

---

[196] POLIENO, *Stratagemmi*, VIII, 23, 5; NAPOLEONE III, *Storia di Giulio Cesare*, cit., III, p. 164, non si dice persuaso della veridicità dell'episodio, poiché esso non compare nei *Commentarii* cesariani; tuttavia non ritengo che questo sia un criterio per escluderlo a priori, dato che molto spesso Cesare, per esigenze narrative, taglia, comprime o tralascia diversi particolari. L'elefante, oltretutto, è un animale strettamente legato alla tradizione della *gens* Giulia e diverse monete di Cesare presentano un elefante sulla loro superficie. Il silenzio è probabilmente dovuto alla volontà di sottolineare il valore dei soldati romani più che alla volontà di riportare un meno nobile stratagemma, per quanto spettacolare.

[197] CASSIO DIONE, *Storia Romana*, XL, 3; AGAZZI, *Giulio Cesare stratega...*cit., pp.

Questa sconfitta convinse definitivamente Cassivellauno a non affrontare più Cesare in campo aperto ma a contrastarlo con tecniche di guerriglia, al fine di logorarne le forze; il proconsole proseguì così la propria marcia, ma le continue imboscate "mordi e fuggi" degli essedari (il comandante barbaro aveva a disposizione ancora circa 4.000 uomini e centinaia di carri) lo convinsero a non allontanare troppo la cavalleria dalla linea di marcia dei fanti. Per rallentare la marcia dei Romani, Cassivellauno ordinò a quattro capitribù del Kent (ossia i re Cingetorige, Carvilio, Taximagulo e Segovace) di attaccare simultaneamente il loro accampamento navale, cosa che essi fecero, sebbene incappassero subito in una sortita dei legionari di guardia, che li misero in rotta e catturarono uno dei oro comandanti, Lugotorige[198].

Questa situazione di stallo fu rotta ancora una volta dalla Fortuna, che sembrava davvero aver fatto di Cesare il suo prediletto. Difatti la tribù dei Trinovanti, stanziati nell'odierna contea di Essex, nel sud-est della Britannia, inviarono un'ambasceria al proconsole, ponendosi sotto la sua protezione e domandandogli aiuto contro Cassivellauno, che in passato aveva ucciso il loro re: Cesare aveva già avuto a che fare in passato con costoro, poiché il figlio del monarca assassinato, chiamato Mandubracio, era fuggito tempo addietro in Gallia, chiedendogli protezione e soccorso. Il condottiero romano accolse volentieri le richieste dei supplici e accordò come loro nuovo re Mandubracio, in cambio di una quarantina di ostaggi e di rifornimenti di grano per il suo esercito[199]36.

Grazie alle indicazioni dei nuovi alleati Cesare individuò la roccaforte in cui Cassivellauno si era trincerato, ovvero Verulamium, presso St. Albans, nella contea dell'Hertfordshire,

---

92-93.

[198] CESARE, *De bello Gallico*, V, 22; sulla localizzazione e identificazione di questi quattro re britanni si veda RICE HOLMES, *Ancient Britain...*, cit., pp. 346-347.

[199] RICE HOLMES, *Ancient Britain...*, cit., p. 346; NAPOLEONE III, *Storia di Giulio Cesare*, cit., III, p. 165; AGAZZI, *Giulio Cesare stratega...*cit., p. 93.

piazzaforte che poi divenne la capitale di suo figlio e successore[200]. La fortezza di Cassivellauno, posta nel cuore della foresta, non era costruita in muratura, bensì difesa da alte palizzate in legno, fossati e terrapieni. Cesare iniziò l'assedio da due lati ma i Britanni, resisi conto che i loro baluardi stavano per essere espugnati, tentarono la fuga in un'altra direzione. Furono però intercettati dai Romani e in gran parte massacrati, sebbene lo stesso Cassivellauno riuscisse a fuggire con un'esigua corta.

Demoralizzato da questa continua serie di disfatte, Cassivellauno inviò dei messi per chiedere la pace ed offrire sottomissione. Dato che si era ormai alla fine di agosto, Cesare accettò le richieste dell'avversario, anche perché, dopo tre mesi di campagna sul suolo inglese, non intendeva correre il rischio di restare bloccato sull'isola per l'inizio del maltempo autunnale, né lasciare che per la sua assenza i Galli tentassero una rivolta. Le condizioni imposte furono miti: pagamento di un tributo a Roma, consegna di ostaggi e giuramento di non molestare Mandubracio e i Trinovanti, alleati della Repubblica.

Cesare tornò dunque sulla costa, sovrintendendo al reimbarco di soldati e prigionieri: l'operazione fu resa problematica dal grande numero di questi ultimi e dal fatto che molte navi, danneggiate dalla precedente tempesta, non erano più utilizzabili. Il proconsole decise di lasciare la Britannia con l'ultimo convoglio, attendendo invano alcune navi da carico supplementari che Labieno gli aveva inviato, ma che erano stare risospinte in Gallia dai marosi; poiché si stava approssimando l'equinozio d'autunno – e con esso l'ultimo periodo utile per la navigazione – stipò legionari e prigionieri sulle navi disponibili, fece levare l'àncora alle nove di mattina del 13 settembre e, dopo una facile traversata della Manica, toccò terra in Gallia all'alba

---

[200] RICE HOLMES, *Ancient Britain...*, cit., p. 346; NAPOLEONE III, *Storia di Giulio Cesare*, cit., III, p. 166; più dubbioso al riguardo dell'identificazione della fortezza di Cassivellauno è AGAZZI, *Giulio Cesare stratega...*cit., p. 93.

del giorno seguente[201].

In passato molti, a partire da Napoleone, si sono scagliati contro la vittoriosa impresa di Cesare in Britannia, criticandone l'inconcludenza. In particolare l'imperatore di Francia osserva[202]: «Cesare fallì (...) nella [prima] spedizione in Inghilterra: due legioni non erano sufficienti, ce ne volevano almeno quattro. Inoltre non disponeva di cavalleria, arma indispensabile in un paese come l'Inghilterra. Non aveva allestito preparativi sufficienti per una spedizione tanto importante, che si tradusse per lui in un motivo di imbarazzo. La ritirata senza perdite fu invece l'effetto, si pensò, della sua buona stella. (...) Con la seconda spedizione in Inghilterra Cesare non ha ottenuto un esito più felice della prima volta, perché non vi ha lasciato guarnigione alcuna, né colonia e perché i Romani non ne sono diventati i padroni dopo più di prima».

Ancora più duro si dimostra Christian Meier, che sentenzia[203]: «Non si erano solo perduti una campagna militare ed un anno di tempo. Soprattutto aveva subìto un primo grosso colpo la trionfante certezza di Cesare di potersi continuamente espandere. Forse egli sperava di raggiungere il suo obiettivo l'anno seguente, ma potrebbe anche essersi proposto di volgersi per il momento verso la Germania o contro gli Illiri. Verosimilmente, la sua impazienza, la sua ricerca di successi spettacolari, la speranza di un bottino, lo spingevano ancora e continuamente in avanti. In realtà egli era andato oltre le sue possibilità. Solo non è chiaro se già allora lo sapesse».

La critica di Napoleone è ingenerosa e il giudizio di Meier superficiale e caustico: è vero che Cesare non affrontò una conquista sistematica dell'isola (cosa che fu intrapresa da Roma

---

[201] CESARE, *De bello Gallico*, V, 23; NAPOLEONE III, *Storia di Giulio Cesare*, cit., III, p. 167; RICE HOLMES, *Ancient Britain...*, cit., p. 350, per la data della partenza; C. MEIER, *Giulio Cesare*, Garzanti, Milano 1993, p. 300, propone invece il 20 settembre.
[202] NAPOLEONE I, *Le guerre di Cesare*, cit., pp. 63 e 69.
[203] MEIER, *Giulio Cesare*, cit., p. 300.

solo sotto il regno di Claudio, nel 44 d.C.), ma non era questo il suo scopo: egli, proprio come aveva fatto in Germania, intendeva, con una spettacolare spedizione dimostrativa, rendere chiaro ai Britanni che la *longa manus* di Roma poteva arrivare e colpire ovunque, disincentivandoli a soccorrere i Galli come già avevano fatto in passato.   Contemporaneamente,   pubblicizzò tramite le sue lettere e i dispacci spediti nell'Urbe le proprie eccezionali imprese in una terra che veniva ancora considerata leggendaria, sottolineando come nessun comandante romano avesse osato ciò che egli stava allora compiendo. Se da una parte Cicerone ironizzava che i barbari prigionieri portati da Cesare a Roma erano alquanto rozzi, con suo fratello Quinto, che faceva parte dello stato maggiore cesariano, riferì dell'entusiasmo che l'opinione pubblica aveva nutrito per la spedizione[204]: Quanto piacere mi ha dato la tua lettera dalla Britannia! Temevo l'Oceano, temevo le spiagge di quell'isola; non svaluto certo gli altri pericoli; ma in essi vedo motivi più di speranza che non di timore (...). Quali località, quali paesaggi, e quali costumi e quali popolazioni e quali battaglie e, soprattutto, quale generale!».

Durante la permanenza in Britannia Cesare fu raggiunto anche dalla tragica notizia della morte prematura dell'amatissima figlia Giulia, che era venuta meno a causa di un parto difficile; anche la neonata era spirata pochi giorni dopo, lasciando suo marito Pompeo, che l'amava molto, in preda al più vivo dolore. Non era la prima volta che Giulia aveva affrontato una gravidanza difficile: rimasta già incinta di Pompeo, aveva avuto un aborto spontaneo alla vista di suo marito che se ne tornava coperto di sangue (non suo, peraltro) durante i tafferugli che avevano accompagnato le elezioni. Egli, dopo la tragedia, avrebbe voluto seppellirla in una delle sue proprietà, ma la giovane, a furor di popolo, fu rapita dal corteo funebre per essere cremata e tumulata nel Campo Marzio, un onore mai concesso prima ad una donna, nonostante le proteste del console

---

[204] CICERONE, *Lettere al fratello Quinto*, XX, 4.

Enobarbo[205].

Cesare ne fu a sua volta profondamente turbato, anche se davanti ai propri uomini cercò di mantenere sempre la solita e rassicurante fermezza, limitandosi a promettere, in onore della figlia scomparsa e contro l'uso, dei giochi gladiatorî e un banchetto per commemorarne la memoria. Ciò che provò nel suo intimo e affidò forse a pagine private non destinate alla pubblicazione possiamo solo immaginarcelo, e unicamente grazie alla sensibile penna di una scrittrice australiana e fine conoscitrice dell'animo umano, la compianta Colleen McCullough, che ci accompagna idealmente fra i pensieri più intimi di Cesare, possiamo indovinarlo [206] : "Come posso sopportarlo?". Quella scossa tremenda aveva lasciato Cesare con gli occhi asciutti. "Giulia. Come posso sopportarlo?". "Sì, come posso sopportarlo? La mia bambina, la mia perla perfetta. Ho passato da poco i quarantasei anni e mia figlia è morta di parto. Così era morta sua madre quando aveva tentato di darmi un figlio maschio. Come si ripetono i cicli in questo mondo! O madre, come potrò guardarti in faccia quando verrà per me l'ora di ritornare a Roma? Come potrò affrontare le condoglianze, la prova di forza che bisogna dare dopo la morte di un figlio amato? Tutti vogliono commiserarti e tutti saranno sinceri, ma io come potrò sopportarlo? Rivolgere loro uno sguardo ferito, mostrare il mio dolore? Non posso farlo. La mia pena è mia. Non appartiene a nessun altro. Nessuno deve vederla. Io non vedo mia figlia da cinque anni, e ora so che non poserò mai più gli occhi su di lei. Posso a malapena ricordare il suo aspetto. Rammento solo che lei non mi ha mai dato il minimo motivo di dolore. La gente dice che solo i buoni muoiono giovani. Solo chi è perfetto non è mai deturpato dall'età o inacidito da una lunga esistenza. Oh, Giulia!

---

[205] CICERONE, *Lettere al fratello Quinto*, III, 1, 25; NAPOLEONE III, *Storia di Giulio Cesare*, cit., III, pp. 168-169; GOLDSWORTHY, *Cesare*, cit., p. 341; L. FEZZI, *Pompeo*, Salerno Editrice, Roma 2019, pp. 139-140.

[206] C. MCCULLOUGH, *Cesare. Il genio e la passione*, Rizzoli, Milano 1998, p. 22.

Come posso sopportarlo?"».

Anche Cicerone colse il dolore di Cesare, annotando in una lettera al fratello Quinto (III, 1, 25): «Dalla Britannia Cesare mi ha spedito una lettera datata al primo settembre, che io ho ricevuto il 27, con notizie abbastanza buone da quell'isola; e vi aggiunge poi, per evitarmi la meraviglia di non averne ricevuta nessuna da te, che tu non eri con lui allorché si riavvicinava al mare: è una lettera a cui non ho risposto, nemmeno per fargli le mie congratulazioni, onde rispettare il suo lutto. Fratello mio, stammi bene».

Di lì a breve, inoltre, morì per cause naturali Aurelia, la madre di Cesare, ultrasessantenne. Condividiamo il giudizio di Goldsworthy, che chiosa: «Fu una donna formidabile, che ebbe una grande influenza sul suo unico figlio e visse abbastanza a lungo per condividere alcuni dei suoi più grandi successi»[207].

Ma non erano solo purtroppo i dolori privati ad angustiare Cesare: con la morte di Giulia, il legame politico con il tentennante Pompeo diventava sempre più instabile, con il rischio che passasse apertamente dalla parte degli ottimati. Come ricorda Meier, «l'intesa di Cesare con Pompeo era infatti dipesa, in buona parte, da Giulia. I due condividevano l'amore per lei, e grazie a lei potrebbero essere stati risolti molti conflitti e molte difficoltà. Cresceva dunque anche l'isolamento politico di Cesare». L'anno successivo, nel 53 a.C., il proconsole tentò di rinnovare l'intesa con Pompeo proponendogli una nuova alleanza matrimoniale: sua pronipote Ottavia (la sorella del futuro Ottaviano Augusto nonché moglie di Marc'Antonio) avrebbe preso il posto di Giulia, mentre lui stesso avrebbe divorziato e si sarebbe sposato con la figlia di Pompeo, che avrebbe dovuto divorziare dall'attuale consorte, Fausto Silla, figlio del defunto dittatore, ma Pompeo rifiutò la proposta, sperando forse di trovare per sé una posizione più vantaggiosa[208].

---

[207] GOLDSWORTHY, *Cesare*, cit., p. 341.
[208] C. MEIER, *Giulio Cesare*, Garzanti, Milano 1993, p. 301.

*

* *

La guerra per il controllo della Cecenia sancì la solidità della leadership del neoeletto Presidente della Federazione Rissa Vladimir Putin, e al contempo annientò l'espandersi della *jihad* islamica nell'ex Caucaso sovietico[209].

Nel tardo autunno del 1994 il governo di Mosca tentò di riportare la Cecenia sotto il proprio controllo, inviando dapprima milizie locali, agli ordini di un Consiglio Provvisorio Ceceno, che vennero però battute senza troppa difficoltà dai soldati leali al presidente ceceno Dudaev, tanto che un gruppetto di soldati russi prigionieri venne perfino fatto sfilare per le strade di Grozny, la capitale cecena.

Eltsin, che rivestiva allora la carica presidenziale russa, non ebbe altra scelta che ordinare un attacco diretto, rassicurato da suo Ministro della Difesa, il generale Pavel Gračëv, ch affarmò con una certa sicumera che il problema sarebbe stato risolto entro un paio d'ore da un solo reggimento di paracadutisti.

L'11 dicembre, al comando del generale Alekseij Mityukhin, responsabile del Distretto Militare del Caucaso Settentrionale un corpo di spedizione di 23.700 uomini e 200 carri armati invase la Cecenia puntando su Grozny da tre direttrice diverse, persuasi di poterla occupare nel giro di tre giorni. Fu un tragico errore di valutazione.

A Grozny erano acquartierati circa 9.000 uomini armati comandati dal Capo di stato maggiore della Repubblica, tale Aslan Maskhadov, che aveva avuto agio di fare asserragliare i propri miliziani negli edifici principali della città. I Russi attaccarono la capitale cecena il 31 dicembre del 1994, entrando a Grozny divisi in tre colonne attraverso altrettante direzioni: il fuoco furioso dei Ceceni, che mieté un numero incalcolabile di

---

[209] BRECCIA, FREDIANI, *Le guerre della Russia*, cit., p. 350-354;

143

vittime, li costrinse dapprima a fermarsi, poi a retrocedere e infine a fuggire, dopo appena tre giorni di tentativi. Si concluse così, ignominiosamente, la cosiddetta I Battaglia di Grozny.

I Russi tornarono però all'assalto, stavolta demolendo interi quartieri della città tramite l'uso massiccio dell'aviazione e dell'artiglieria, tanto che stavolta, il 19 gennaio del 1995, lo stesso Palazzo Presidenziale cadde nelle loro mani. Lo scontro era costato 35.000 morti (del tutto incolpevoli) fra i civili[210].

Ma chi pensava che la guerra fosse finita si sbagliava tragicamente: i Ceceni iniziarono una violenta "lotta asimmetrica", ovvero una serie di azioni terroristiche sul suolo russo, che causarono una luttuosa scia di morti innocenti fra i civili. I Russi risposto con rappresaglie molto intense e violente contro i centri abitati ceceni sospettati di ospitare i guerriglieri. In uno di questi attacchi, il 21 aprile del 1996 fu ucciso anche il Presidente ceceno Dudaev; gli successe, come leader degli indipendentisti, il già citato Maskhadov. Costui, alla testa di alcuni *commandos*, si infiltrò in Grozny, e nel giro di appena tre ore riuscì a riprendere il controllo della capitale.

I vari contrattacchi russi fallirono e alla fine, il 20 agosto del 1996, Boris Eltsin inviò in volo in Cecenia il generale Aleksandr Lebed, che firmò dapprima un cessate il fuoco, e poi il cosiddetto accordo di Khasav-Yurt, che riconosceva la piena indipendenza della Cecenia dalla Federazione Russia: si trattava, per Mosca, di una resa ignominiosa che non poteva essere tollerata a lungo[211].

Difatti, a riprova dell'instabilità politco-militare dell'area, il 7 agosto 1999, il capo dei ribelli ceceni jihadisti, il musulmano Shamil Basayev, assieme ad un esponente dell'organizzazione terroristica di al-Qaida, tale Emir Khattab, penetrò in armi nella vicina repubblica del Daghestan, appartenente alla Federazione Russa, proclamandovi una nuova "guerra santa" nel Caucaso.

---

[210] BRECCIA, FREDIANI, *Le guerre della Russia*, cit., pp. 352-353.
[211] BRECCIA, FREDIANI, *Le guerre della Russia*, cit., pp. 353-354..

Era l'inizio della II Guerra Cecena. I due però, avversati dalla popolazione locali, furono costretti a ripiegare in Cecenia settentrionale.

Stavolta però la configurazione di partenza era completamente diversa: Vladimir Putin era Primo Ministro della Federazione Russa, che dichiarò, a seguito di questa azione bellica, che Mosca non riconosceva più come valido il trattato del 1996[212].

L'opinione pubblica russa fu inoltre fortemente turbata dalla serie di attentati terroristici ceceni messi a segno in quei giorni a Mosca e in altre città della Federazione: l'8 settembre un edificio civile, situato nel quartiere Piciatniki, a Ulitsa Gurianov, venne fatto saltare in aria con il tritolo, provocando 92 morti e oltre 200 feriti; nella notte fra il 12 ed il 13 settembre 1999 un palazzo di sette piani fu fatto saltare in aria nell'ex capitale sovietica, in via Kashirskove, causando la morte di 105 adulti e 13 bambini.

Putin, che si trovava d'un vertice internazionale in Nuova Zelanda in qualità di Primo Ministro, abbandona in fretta e furia a riunione, vola a Mosca e dispone vari reparti dell'esercito e blindati per le vie della capitale, pur non proclamando lo stato di emergenza, per non darla vinta ai terroristi. La sua dichiarazione pubblica suonerà però durissima: «È inutile che i terroristi si nascondano, li inseguiremo ovunque fuggano, ovunque si vadano a nascondere. Anche nel cesso. E li ammazzeremo anche nel cesso». La frase, presa di peso dal gergo della criminalità organizzata, piace molto ai Russi, diventa virale e rinfranca in qualche modo gli animi scossi[213]. Come sottolinea Nicolai Lilin, quest'espressione – e più in generale l'abilità nella comunicazione - «Putin, parlando a un Paese la cui mentalità è forgiata in gran parte della cultura di periferia, si fece subito apprezzare da tutti e persino dai criminali, solitamente critici nei

---

212 BRECCIA, FREDIANI, *Le guerre della Russia*, cit., pp. 354-355.
213 SANGIULIANO, *Putin*, cit., pp. 166-168.

confronti dei politici»[214].

Putin preparò in modo accurato la spedizione contro la Cecenia, mettendo insieme un corpo d'armata di circa 90.000 e posizionandolo attorno ai confini della Cecenia, che affidò al comandante Viktor Kazantsev, comandante del Distretto militare del Caucaso Settentrionale, ignorando al contempo i tentativi di conciliazione di Maskhadov. Con una visita a sorpresa Putin in persona giunse in Daghestan per una visita-lampo a Makhachkala, con addosso il giubbotto da aviatore; qui strinse brevemente le mani dei soldati russi, tenendo loro un discorso di incoraggiamento,

Putin stesso chiarì la sua posizione al riguardo, dichiarando in seguito «Ero convinto che se non avessimo fermato gli estremisti subito, saremmo finiti per diventare una seconda Jugoslavia. Tutto il territorio della Federazione Russa sarebbe stato attraversato da guerre etniche (...). Era necessario riprendere il controllo del Daghestan e buttare fuori i guerriglieri ceceni. La Cecenia andava circondata con un cordone sanitario. Sapevo di rischiare tutto, che la mia carriera poteva finire se fallivo su questo fronte»[215].

I Russi penetrarono in Cecenia avanzando con estrema

---

[214] LILIN, *Putin*, cit., pp. 142-143; nelle medesime pagine lo stesso autore spiega l'origine di quest'espressione gergale di Putin: «Putin, abile comunicatore, (...) per indicare l'atto di "uccidere, annientare" usò il termine *mochit*, proveniente dal gergo di strada e criminale. *Mochit* significa "bagnare", e la sua origine gergale risale ai tempi della costruzione di San Pietroburgo, quando su ordine dello zar Pietro il Grande i criminali vennero utilizzati come manodopera di basso livello. Lavorando nelle paludi per creare isole di terraferma sulle quali edificare, questi forzati non avevano alcuna possibilità di seppellire i morti, che quindi venivano gettati proprio nella palude, insieme al materiale con il quale la massa fangosa veniva lentamente solidificata. Lì si cominciò a usare il verbo "bagnare" nel senso di "seppellire". Più tardi, inoltre, quando la città era orma nel suo splendore, i criminali gettavano le loro vittime nei canali, e dunque qualsiasi omicidio veniva associato all''immagine di un corpo sprofondato nell'acqua». .

[215] SANGIULIANO, *Putin*, cit., p 173.

cautela in direzione di Grozny e adottando efficaci tattiche di controguerriglia man mano che avanzavano. Il 15 ottobre la capitale nemica era già accerchiata, e le truppe moscovite colpirono i centri abitati minori dell'*hinterland* con l'uso di artiglieria pesante, come Tando e il monte Kharami, decisivo per fare affluire truppe e approvvigionamenti. Frattanto anche la metropoli cecena subiva una serie di feroci bombardamenti[216].

Il 21 ottobre Putin, a poco più di un mese dagli attentati di Mosca, compì un altro viaggio-lampo in Cecenia, sulle rive del fiume Terek, accolto festosamente dalla minoranza russa del Paese; frattanto il suo gradimento pubblico aumentava, risultato delle sue energiche azioni per reprimere il terrorismo[217].

Il 15 gennaio 2000 il generale Kazantsev ordinò l'assalto finale contro Grozny, che durò per ben due settimane, con scontri disperati casa per casa. Gli ultimi 2.000 ribelli ceceni tentarono la fuga, con la complicità di un'intensa bufera di neve, ma 600 di loro vennero ugualmente abbattuti, mentre gli altri si dispersero. Il 6 febbraio i Russi dichiararono di aver preso il pieno controllo di Grozny. Dei 400.000 abitanti che la città contava alla fine degli anni '80, ne rimanevano in vita all'incirca 20.000.

Putin, con il conflitto ceceno, aveva non soltanto vendicato la cocente umiliazione patita sotto Eltsin, ma aveva dimostrato al mondo che il nuovo esercito russo sapeva affiancare ai tradizionali metodi di combattimento anche le più sofisticate tecniche di controguerriglia e di poter affrontare con successo un avversario sfuggente ed insidioso[218].

*

* *

Nel 2008 il presidente della Georgia, Michail Saakashvili,

---

[216] SANGIULIANO, *Putin*, cit., p. 172.
[217] SANGIULIANO, *Putin*, cit., p. 179.
[218] BRECCIA, FREDIANI, *Le guerre della Russia*, cit., pp. 356-357.

alleato degli Stati Uniti d'America e della NATO, decise di riprendere il controllo di due regioni separatiste dell'Ossezia del Sud e dell'Abkhazia, schieratesi con la Russia, marciando contro di esse l'8 agosto di quell'anno.

Putin inviò in soccorso dei suoi alleati le truppe russe, forti di 30.000 uomini (in particolare della 58ª Armata, divisioni motorizzate, divisioni di assalto aereo e brigate di montagna, oltre agli *Spetsnaz*, forze speciali) appoggiate dalle milizie locali; i Russi, professionali ed efficienti, sbaragliarono i Georgiani in appena cinque giorni, costringendoli ad una precipitosa ritirata.

Le forze russe e dell'Ossezia del Sud combatterono le truppe georgiane dentro ed intorno alla regione separatista per diversi giorni, fino a quando le forze georgiane, vistesi battute, iniziarono una inequivocabile ritirata. Le forze russe e abcaze aprirono poi un secondo fronte, attaccando la gola di Kodori, controllata dalla Georgia, mentre la marina militare russa provvedeva a bloccare parte della costa georgiana, sancendo definitivamente la vittoria.

Come ricordano Gastone Breccia e Andrea Frediani, «l'aspetto più notevole fu la perfetta valutazione, da parte del governo di Mosca, dei rischi e dei benefici strategici dell'operazione: solo una vittoria fulminea, infatti, avrebbe privato l'Alleanza Atlantica i qualsiasi possibilità di reazione, perché di fronte al fatto compiuto nessun governo occidentale avrebbe mai potuto convincere la propria opinione pubblica a scatenare una guerra per l'Ossezia del Sud e l'Abkhazia»[219]. Mai come in questo caso fu azzeccato il detto di Cesare, *Veni, vidi, vici*, che Putin dovette meditare in quel periodo.

*

* *

Non è possibile non prendere in esame, seppur

---

[219] BRECCIA, FREDIANI, *Le guerre della Russia*, cit., pp. 357-358.

curiosamente, l'operazione militare speciale condotta da Putin in Ucraina a partire dal febbraio 2022 ed ancora in corso nel momento in cui vengono scritte queste righe (ottobre 2022). Vediamo innanzitutto di chiarirne, nei limiti del possibile, i complessi antefatti.

Pur essendo diventata indipendente dal 1991, l'ex repubblica sovietica dell'Ucraina è sempre stata percepita dalla Russia come "la soglia di casa", un'area da attenzionare con estremo interesse, in quanto il suo allineamento con forze potenzialmente ostili avrebbe costituito una diretta minaccia all'esistenza e alla sovranità della Russia stessa. In particolare, il timore maggiore per il governo russo era quello che l'Ucraina finisse per divenire un membro della NATO, in costante espansione verso est e verso i Paesi dell'ex Patto di Varsavia, il che avrebbe posto una potenza controllata dagli Stati Uniti e dai loro alleati ai propri confini nazionali.

Dopo lo scioglimento dell'Unione Sovietica nel 1991, l'Ucraina e la Russia avevano mantenuto stretti legami: nel 1994 l'Ucraina aderì al Trattato di non proliferazione nucleare in qualità di Stato non dotato di armi nucleari e le armi nucleari ex sovietiche in Ucraina sono state smantellate.

Tuttavia, un forte punto di frizione fra la Russia e l'Ucraina fu certamente costituito dalla questione la flotta del Mar Nero: l'Ucraina si accordò per concedere alla Russia l'uso del porto di Sebastopoli dietro il pagamento di un affitto, così che la flotta russa del Mar Nero potesse continuare a occupare l'area strategica assieme alla marina ucraina.

Il 21 aprile 2010 il presidente ucraino Viktor Janukovyč rinnovò la concessione delle aree militari alla Russia sino al 2042, con l'accordo di ricevere in cambio del gas dalla Federazione Russa a tassi agevolati.

Nel 2004 ebbe però luogo in Ucraina la cosiddetta "rivoluzione arancione", che vide il filo-occidentale Viktor Juščenko eletto presidente al posto del candidato moralmente sostenuto dalla Russia, Viktor Janukovyč. Inoltre, l'Ucraina continuò a incrementare la propria cooperazione con la NATO in Iraq, in Afghanistan ed in Kosovo.

Il candidato filorusso, Viktor Janukovyč, venne infine eletto nel 2010 alla presidenza dell'Ucraina e la Russia si sentì così parzialmente tranquillizzata: durante il mandato del suo predecessore, infatti, l'Ucraina non aveva rinnovato l'affitto della base navale del porto di Sebastopoli alla marina russa, impedendo così ai Russi di continuare il dominio dell'area e stabilendo perentoriamente che essa dovesse essere completamente sgomberata entro il 2017.

Ad ogni modo, Janukovyč siglò un nuovo contratto di affitto che espanse ulteriormente la presenza dei militari russi anche nella penisola di Kerč'. Nel novembre del 2013, Viktor Janukovyč si rifiutò di firmare un accordo con l'Unione Europea, dopo averne accarezzato l'idea in un primo momento. Janukovyč favorì al contrario ancora una volta i legami con la Russia.

Nel settembre del 2013, la Russia fece presente all'Ucraina che se avesse firmato un accordo di commercio privilegiato con l'Unione Europea avrebbe corso il rischio di affrontare un grosso problema finanziario, che alla lunga avrebbe condotto l'intero Stato verso il fallimento economico.

Sergej Glaz'ev, consigliere di Putin, disse che «le autorità ucraine hanno fatto un grande errore se pensano che la reazione russa sia quella di rimanere neutrale d'ora in poi. Questo non accadrà». La Russia aveva già imposto delle restrizioni sulle importazioni di alcuni prodotti ucraini e Glaz'ev disse che vi sarebbero state ulteriori sanzioni in caso di firma dell'accordo con l'Europa. La Russia, inoltre, si riservava il diritto di intervenire se alcune regioni dell'Ucraina, in particolar modo quelle a maggioranza russofona, minacciate dalla politica di Kiev, ne avessero richiesto l'aiuto.

*
* *

In seguito alle violente agitazioni dell'Euromaidan e alla successiva rimozione del presidente ucraino Viktor Janukovyč (avvenuta il 22 febbraio 2014), in Crimea iniziarono ad avere luogo alcune proteste filorusse. A questi avvenimenti seguì l'invio ufficiale delle forze armate russe in Crimea e il 16 marzo in seguito ad un referendum (contestato dall'Occidente) la Russia annesse la penisola alla Federazione, con una preferenza superiore all'80% ed un'affluenza del 95% dei votanti.

Nell'aprile di quello stesso anno nelle maggiori città del Donbass vi furono delle intense proteste filorusse che sfociarono in un vero e proprio conflitto armato tra il governo ucraino e le forze separatiste, nel frattempo costituitesi nelle repubbliche popolari di Donetsk e Lugansk e dichiaratesi indipendenti l'11 maggio, in seguito a un referendum.

Le ostilità tra le milizie separatiste del Donbass e l'esercito ucraino proseguirono incessantemente, provocando diversi morti fra i civili della regione. Particolarmente violenti furono gli scontri ad Odessa, dove, il 2 maggio del 2014 venne incendiata la Casa dei Sindacati, con diverse vittime fra i separatisti[220].

Il 5 settembre 2014 i Presidenti di Russia e Ucraina, con la presenza dei rappresentati delle due repubbliche popolari, si incontrarono a Minsk e siglarono un protocollo per stabilire il cessate il fuoco, che fu però violato più volte. Per provare a fermare nuovamente le ostilità in Donbass il 12 febbraio 2015, grazie alla mediazione di Francia e Germania, Ucraina e Russia siglarono un nuovo protocollo per stabilire la tregua. Anche questo secondo accordo venne violato numerose volte e nel 2018 si verificò un incidente nello stretto di Kerč' che coinvolse direttamente navi russe e ucraine.

*

* *

---

[220] G. Chiesa, *Putinfobia*, Piemme, Milano 2022², p. 144.

Tra l'ottobre e il novembre del 2021 la Russia diede inizio a una vasta mobilitazione delle sue forze armate sul confine ucraino, dispiegando ulteriori forze in Bielorussia, Transnistria e Crimea oltre alla flotta del Mar Nero. Il 21 febbraio del 2022 la Russia riconobbe le repubbliche popolari del Donbass e tre giorni dopo diede inizio alla penetrazione in Ucraina.

È interessante notare il pensiero di Putin al riguardo, chiaramente espresso in un articolo scritto dal Presidente il 12 luglio 2021, intitolato significativamente *Sull'unità storica di Russi e Ucraini*: «Durante la recente "Linea Diretta", mi è stata fatta una domanda sulle relazioni russo-ucraine: ho risposto che Russi e Ucraini erano un unico popolo, un tutt'uno. Queste parole non sono state motivate da nessuna considerazione a breve termine, o suggerite dall'attuale contesto politico. È ciò che ho detto in numerose occasioni, e ciò in cui credo fermamente. Penso sia quindi necessario che io spieghi con precisione la mia posizione, e condivida le mie considerazioni sulla situazione odierna.

"Vorrei, prima di tutto, sottolineare che il muro che si è creato negli ultimi anni tra Russia e Ucraina, in quello che è fondamentalmente lo stesso spazio storico e spirituale, rappresenta secondo me la nostra grande, comune disgrazia e tragedia. Queste sono, innanzitutto, le conseguenze dei nostri stessi errori, commessi in diversi periodi di tempo; ma sono anche il risultato delle azioni intenzionali da parte di quelle forze che hanno sempre cercato di minare la nostra unità. La formula che applicano è nota da tempo immemorabile: *divide et impera*. Non c'è nulla di nuovo. Da qui, i tentativi di giocare sulla "questione nazionale" e seminare discordia tra le persone, con il principale obiettivo di dividere e poi mettere un popolo contro l'altro. "(…) L'Ucraina moderna è, quindi, in toto il prodotto dell'era sovietica. Sappiamo e ricordiamo bene che si è plasmata, per una parte significativa, nelle terre della Russia storica. Per esserne certi, è sufficiente guardare i confini delle terre che si sono riunite allo Stato russo nel XVII secolo e il territorio della Repubblica Socialista Sovietica Ucraina quando lasciò l'Unione

Sovietica. (…)

"La Federazione Russa ha riconosciuto le nuove realtà geopolitiche: non solo ha riconosciuto l'Ucraina, ma ha davvero fatto molto affinché si affermasse come paese indipendente. Abbiamo dato un notevole sostegno all'Ucraina durante i difficili anni '90 e nel nuovo millennio. Qualunque sia l'"aritmetica politica" che Kiev voglia applicare, tra il 1991 e il 2013 l'avanzo di bilancio dell'Ucraina era di oltre 82 miliardi di dollari, mentre oggi ha solo 1,5 miliardi di dollari di introiti russi per il transito del gas verso l'Europa. Se fossero stati mantenuti i legami economici tra i nostri paesi, l'Ucraina avrebbe beneficiato di decine di miliardi di dollari. (…)

"Oggi, i giganti dell'industria high-tech, che un tempo erano l'orgoglio dell'Ucraina e dell'intera Unione, stanno affondando. (...) Oggi l'Ucraina è il paese più povero d'Europa. Di chi è la colpa di tutto questo? È colpa del popolo ucraino? Certamente no. Sono state le autorità ucraine a sprecare e sperperare i risultati di molte generazioni. Sappiamo quanto gli Ucraini siano laboriosi e talentuosi. Possono raggiungere successi e risultati eccezionali con perseveranza e determinazione. E queste qualità, così come la loro franchezza, gli innati ottimismo e ospitalità, non sono scomparse. I sentimenti di milioni di persone che trattano la Russia non solo bene ma con grande affetto – esattamente quello che proviamo noi per l'Ucraina rimangono gli stessi. (...)

"Ricordo che molto tempo fa, ben prima del 2014, gli Stati Uniti e i paesi della UE hanno sistematicamente e costantemente spinto l'Ucraina a ridurre e limitare la cooperazione economica con la Russia. Noi, in qualità di principale partner commerciale ed economico dell'Ucraina, abbiamo suggerito di discutere i problemi emergenti secondo il formato Ucraina-Russia-UE. Ma ogni volta ci veniva detto che la Russia non c'entrava niente, e che la questione riguardava solo l'UE e l'Ucraina. I paesi occidentali hanno di fatto respinto i ripetuti appelli al dialogo della Russia.

"Passo dopo passo, l'Ucraina è stata trascinata in un pericoloso gioco geopolitico che ha lo scopo di trasformare l'Ucraina in una barriera tra Europa e Russia, in un trampolino di lancio contro la Russia. Inevitabilmente, è arrivato il momento in cui non era più un'opzione il concetto de "l'Ucraina non è la Russia". C'era bisogno del concetto di "anti-Russia", concetto che non accetteremo mai». I cittadini si sentono a casa, creano famiglie, studiano, lavorano, fanno affari. Per inciso, lo stesso vale per milioni di persone nate in Ucraina che ora vivono in Russia. Le consideriamo come le persone a noi più vicine.

"La Russia è aperta al dialogo con l'Ucraina ed è pronta a discutere le questioni più complesse. Per noi però è importante capire se il nostro partner vuole difendere i propri interessi nazionali o vuole fare gli interessi di qualcun altro, e non sia lo strumento in mani altrui per combattere contro di noi.

"Noi rispettiamo la lingua e le tradizioni ucraine. Rispettiamo il desiderio degli Ucraini di vedere il loro paese libero, sicuro e fiorente. Sono sicuro che la vera sovranità dell'Ucraina sia realizzabile solo in collaborazione con la Russia. I nostri legami spirituali, umani e di civiltà si sono formati nel corso di secoli, hanno la stessa origine e si sono temprati con prove, conquiste e vittorie comuni. La nostra affinità si è trasmessa di generazione in generazione: risiede nei cuori e nella memoria delle persone che vivono nella moderna Russia e in Ucraina, nei legami di sangue che uniscono milioni di nostre famiglie. Insieme siamo sempre stati e saremo molto più forti e avremo maggior successo. Perché siamo un solo popolo.

"Oggi, queste parole possono essere accolte con ostilità da alcune persone e possono essere interpretate in molti modi. Molte persone invece mi ascolteranno. E dirò una cosa: la Russia non è mai stata e non sarà mai "anti-Ucraina". E cosa sarà l'Ucraina, lo devono decidere i suoi cittadini».

*

* *

La campagna militare in Ucraina, definita dal Presidente Putin Operazione Speciale, non aveva come scopo l'occupazione dell'intero territorio nazionale, bensì aveva come scopo l'allontanamento di questo Paese dalla NATO. L'Operazione non aveva come scopo nemmeno la costituzione di una minaccia alla NATO: iniziata il 24 febbraio 2022 con meno di 150.000 uomini in campo (quasi tutti di leva), non si prefiggeva di controllare l'Ucraina, bensì con lo scopo di costituire una campagna dagli obiettivi militari limitati.

Il primo di essi era la messa in sicurezza dei territori delle repubbliche del Donbass, da poco riconosciute da Mosca, e dal 2014 in conflitto con le milizie ucraine; in quest'area, come spiega bene il generale Fabio Mini, ex capo di Stato Maggiore della NATO, era necessario neutralizzare le forze ucraine tramite il controllo dei centri di Charkiv, Donetsk e Mariupol, nonché delle linee di rifornimento degli Ucraini che operavano nel Donbass, ad est di Dnipro[221].

Altre forze avevano l'incarico di prendere il controllo della fascia di territorio che collegava il Donbass e la Russia alla Crimea, fino ai confini della neutrale Moldavia, al fine di garantire la sicurezza della Crimea e della flotta del Mar Nero, sottraendole alla dipendenza dall'Ucraina in quanto a capacità operativa e ai rifornimenti di beni essenziali, come acqua, carburante ed energia. «Queste operazioni», sottolinea Mini, «erano quasi indipendenti, con molta autonomia lasciata ai comandanti delle singole forze».

A queste operazioni di livello tattico si decise di affiancare una pressione militare su Kiev, con l'intento di spingere ad un cambio di governo favorevole alla Russia; la città venne progressivamente accerchiata, con l'occupazione di alcune località periferiche. «L'irruzione delle forze terrestri», scrive Mini, «non sarebbe stata necessaria, ma qualora lo fosse diventata

---

[221] F. CARDINI, F. MINI, *Ucraina. La guerra e la storia*, PaperFirst, Roma 2022, pp. 85-86.

sarebbe stata preceduta da una campagna aerea e di artiglieria sempre più violenta»[222]. Tale pressione sarebbe stata inoltre accentuata dall'interruzione delle linee di rifornimento nemiche, in special modo il rifornimento di armi, monizioni, carburanti, energia elettrica, viveri, etc.

Nelle prime quattro settimane di conflitto la Russia azzerò letteralmente la capacità aerea ucraina, acquisendo il controllo di quasi tutta la fascia perimetrale orientale e meridionale di Charkiv, ai limiti orientali della città portuale di Odessa, sul Mar Nero, distruggendo al contempo oltre un migliaio di infrastrutture sensibili. Del resto, proprio a motivo di questa strategia deliberatamente limitata, la Russia ha visto una sensibile riduzione della propria capacità operativa, non così eccessiva, tuttavia, da compromettere il proseguimento delle operazioni belliche. Tra i risultati più spettacolari la conquista di Mariupol e la resa del Battaglione Azov, composto da forze di estrema destra, che si era asserragliato nei sotterranei delle acciaierie Azovstal. Frattanto era terminata la pressione su Kiev, oramai non più necessaria[223].

L'Unione Europea ha nel frattempo varato una serie di sanzioni economiche nei confronti della Russia, condannando formalmente quella che considerava un'aggressione e diversi Paesi membri della NATO (tra cui l'Italia) hanno inviato armi all'esercito ucraino, pur non essendo, *de iure*, cobelligeranti. Si è inoltre assistito ad azioni di sabotaggio di impianti ed infrastrutture legate alla produzione bellica sul suolo russo, nonché ad alcuni attentati, tra cui quello del 21 agosto 2022, in cui ha perso la vita la trentenne Daria Dugina, figlia di Aleksandr Dugin, ideologo di Putin, nonché coltissimo studioso del pensiero greco classico, i cui numerosi scritti sono stati tradotti e pubblicati anche in Italia, e al quale attentato egli stesso è

---

[222] CARDINI, MINI, *Ucraina. La guerra e la storia*, cit., p. 87.
[223] CARDINI, MINI, *Ucraina. La guerra e la storia*, cit., pp. 89-90.

sfuggito per puro caso[224]. È poi del 22 settembre 2009 il discorso di Putin alla nazione, in cui dichiarava l'annessione delle repubbliche del Donbass alla Federazione Russa, con quanto ne consegue in termini militari, ovvero un referendum confermativo fra le popolazioni locali e un massiccio attacco missilistico alle infrastrutture dell'intera Ucraina.

Ma da qui scivoliamo insensibilmente dalla Storia alla cronaca, essendo i fatti narrati ancora in pieno svolgimento ed in continua evoluzione. Cosa riserverà il futuro, solo il tempo potrà dircelo.

---

[224] D. RAINERI, *Attentato contro i Dugin*, «La Repubblica», 22/08/2022, pp. 2-3.

V
Considerazioni finali

Più di venti secoli separano la morte di Caio Giulio Cesare (44 a.C.) dalla nascita di Vladimir Vladimirovič Putin (1952 d.C.). In questo vasto lasso di tempo l'umanità ha vissuto un numero incalcolabile di vicissitudini, compiuto scoperte epocali, fatto speculazioni filosofiche, scientifiche e religiose inenarrabili, eppure... eppure l'uomo di oggi è ancora alle prese con problemi molto simili a quelle dei propri avi, ed ancora oggi annaspa faticosamente in cerca di soluzioni che non possono non essere, per loro intima natura, che provvisorie.

Se Cesare, come nel bellissimo romanzo di Alberto Costantini, *Le astronavi di Cesare*, fosse riportato miracolosamente in vita per sfruttarne le capacità tattico-strategiche, egli si troverebbe molto probabilmente a suo agio in questa realtà post-moderna, comprendendone quasi immediatamente i meccanismi e le dinamiche, che non sono variate molto – nella loro struttura essenziale – da quelli della sua epoca. Anche nell'ambito guerriero si troverebbe nel proprio elemento. Sempre prendendo a prestito le parole messe in bocca a Cesare da Costantini, è molto probabile che, di fronte a degli uomini moderni, osserverebbe: «L'arte della guerra si evolve assieme alla storia umana. Le nostre tecniche e le nostre armi erano più perfezionate rispetto a quelle dei tempi di Annibale, che superavano largamente le armi e la tattica dei Greci, a loro volta migliori di quelle egiziane o babilonesi. Ho motivo di credere che la guerra, oggi, si combatta con armi che io neppure riesco a concepire. Sbaglio? (...) Franchezza per franchezza, mi sembra un'ipocrisia bella e buona (...): non volete e non potete più fare la guerra; quindi, andate a rifugiarvi sotto gli orli della toga di noi poveri nonni. Morti per di più»[225].

---

[225] A. Costantini, *Le astronavi di Cesare*, Gilgamesh Edizioni, Asola (Mantova)

La figura di Putin è spesso legata alla Roma imperiale, e diversi suoi ritratti, sparsi per l'ex territorio sovietico, lo ritraggono con un aspetto ed un abbigliamento simili a quelli di Cesare. Del resto, in un ambito come quello russo, indicato chiaramente dalla tradizione come "Terza Roma", quest'associazione era inevitabile. Esiste difatti una lunga e venerabile tradizione di sovrani russi che affermano che la Russia è la continuazione dell'eredità romana.

Alla base di questa tradizione che ricollega la Russia degli Zar (Czar) alla Roma dei Cesari vi è un motivo dinastico: il 16 gennaio 1547, imitando il rito degli imperatori bizantini (o romani d'Oriente), il metropolita Macario attese nella cattedrale di Mosca, per il rito di incoronazione, l'arrivo di Ivan IV di Russia (detto "il Terribile"), seguito da un corteo che cantava le sue lodi. Mentre Macario era seduto sul suo scranno, il giovane principe gli chiese, in nome di Dio, di essere riconosciuto come «Czar di tutte le Russie». Era la prima volta che si usava in Russia l'espressione "zar",

Quest'ultima deriva quindi dal termine Czar, "Cesare". Il suo utilizzo sigillò, con Ivan IV, la ripresa russa dell'eredità bizantina, già cementata dalla comune tradizione cristiana ortodossa. Mosca poté infatti definirsi "Terza Roma" perché venne investita della dignità imperiale di Costantinopoli (la "Seconda Roma"), un secolo dopo che l'Impero Romano d'Oriente era caduto sotto le armate turche di Maometto II.

Era infatti il 29 maggio 1453 quando l'ultimo imperatore bizantino, Costantino XI Dragases, della dinastia dei Paleologhi, moriva in combattimento contro gli invasori musulmani del sultano ottomano Maometto II. Costantinopoli prese il nome di Istanbul e quasi tutte le chiese vennero trasformate in moschee. Ma parte di quel mondo era sopravvissuta, e proprio in Russia. Il nonno di Ivan il Terribile, che si chiamava Ivan III, aveva infatti sposato nel 1472 una nipote di Costantino XI, la principessa

---

2017, p. 15.

bizantina Zoe (dal loro matrimonio nascerà Basilio III, il padre di Ivan). Ivan III si proclamò nel 1493 *"gosudar"*, o "sovrano" di tutte le Russie, superando l'originaria qualifica di principe di Moscovia e preparando il terreno al nipote. Con la fine del regime comunista, che aveva abbattuto il trono degli zar, la Russia guarda con rinnovato interesse al suo passato imperiale; in quest'ottica Putin, per lo meno idealmente, può incanalarsi nel solco Terza Roma costantiniana, migrata da Bisanzio a Mosca[226].

*
* *

Nel corso di questo – necessariamente cursorio ed episodico – riepilogo delle vicende dei due statisti, ci siamo soffermati su tematiche e problematiche ad essi comuni, sul tipo di risposte che essi diedero a stimoli e problemi piuttosto simili. Cerchiamo ora di sintetizzare il tutto.

Sia Cesare che Putin nacquero e trascorsero l'infanzia e l'adolescenza nei bassifondi di due grandi metropoli, la Roma della Tarda Repubblica e la Leningrado (oggi San Pietroburgo) del II Dopoguerra. Entrambi ebbero a che fare con la varia e multiforme umanità che popolava quei malsani ambienti, potendo fare, grazie a quest'esperienza, una conoscenza di prima mano con gli istinti più bassi e feroci del genere umano e con la vita di chi – economicamente e moralmente – era spesso messo alle strette. Cesare era però nato in una famiglia aristocratica e sebbene la sua casa fosse situata nella malfamata Suburra, era pur sempre una sfarzosa dimora nobiliare, che in qualche modo fungeva da filtro con il mondo esterno e, assieme alla presenza costante di schiavi e guardie preposte alla sua persona, lo proteggeva da un rapporto fin troppo diretto ed indesiderato con le insidie ed i pericoli di quel quartiere. Putin non ebbe questo privilegio, essendo nato in una famiglia di proletari sistemata

---

[226] A. GIULI, *Putin, la Terza Roma e l'imperialismo necessario*, «Tempi», 30/09/2017.

alla bell'e meglio in una decadente casa comune. Entrambi però impararono ben presto a farsi rispettare e a non provocare gratuitamente, vedendo da vicino la miseria e comprendendone l'effetto sull'indole umana. Entrambi erano nati inoltre a ridosso di grandi rivolgimenti bellici (le Guerre Cimbriche e la Guerra Sociale per Cesare e la II Guerra Mondiale per Putin) che avevano lasciato profondi segni sulle rispettive famiglie e sulla realtà che li circondava. Entrambi infine svilupparono un grande amore per la lettura e le attività sportive, che li avrebbe accompagnati per il resto dell'esistenza, comprendendo che l'esito stesso del loro futuro e delle rispettive carriere sarebbe stato condizionato dal proprio impegno negli studi e nelle attività fisiche: *mens sana in corpore sano*.

Molto interessante è inoltre il rapporto dei due con il gentil sesso: sua madre Aurelia era una figura assai importante, con cui Cesare si confrontò tutta la vita, raccontandole i propri problemi e facendola partecipe dei propri timori, specie quando si giuocò il tutto per tutto con la candidatura al pontificato massimo. Quando gli giunse notizia della sua dipartita, mentre era impegnato in Gallia e in Britannia, fu per lui un duro colpo.

Stessa cosa fu per il rapporto con l'unica figlia, Giulia, avuta dall'altrettanto amata moglie Cornelia, figlia di Cinna, per amore della quale sfidò l'ira di Silla, rifiutandosi di divorziare da lei. Giulia fu la sua amatissima perla, che diede comunque in moglie a Pompeo per fini politici, ma dalla cui unione si sviluppò una storia sentimentale molto intensa. La morte di Giulia – comunicatagli mentre si trovava in Britannia – fu devastante per lui, ed anche Cicerone, solitamente molto critico, provò pena ed empatia nei confronti del grande condottiero.

Putin, viceversa, non ha la fama del *tombeur de femmes*, ed il suo matrimonio durò diversi decenni: fu molto franco con la sua compagna, Ljudmila, esponendole fin da subito i lati più spigolosi del suo carattere ed invitandola a riflettere bene sulla sua proposta di matrimonio; quando quest'ultimo finì (apparentemente per la stanchezza da parte di Ljudmila di sostenere l'impegnativo ruolo di *first lady*) Vladimir non si risposò, preferendo dedicarsi anima e corpo alla complicata gestione dello Stato russo; la stampa scandalistica ha suggerito ora questo, ora quel *flirt* amoroso e persino figli segreti, ma ciò in generale non ha intaccato la sua immagine di uomo dedito al bene del proprio Paese. Il rapporto con le figlie è sempre stato improntato a responsabilità e soprattutto ad un geloso rispetto della *privacy* delle due ragazze, almeno finché esse non raggiunsero l'età adulta.

L'ascesa al potere previde per entrambi un confronto con le urne e gli umori elettorali, da cui uscirono entrambi vincitori, grazie anche agli appoggi di potenti alleati e alla presa sull'elettorato che la loro figura suscitava. Il lavorio politico alle loro spalle fu davvero notevole da parte dei reciproci sostenitori, anche se in entrambi i casi tali consorterie si incrinarono quando i due statisti decisero senza troppi indugi di applicare ad ogni costo le riforme politiche che ritenevano necessarie.

Sia Cesare che Putin dovettero – non sempre a cuor leggero – affrontare l'incognita degli scontri armati, ma per entrambi essi non furono mai un fine, bensì un mezzo; abbiamo visto come nello sforzo bellico contro Ariovisto, re degli Suebi, Cesare abbia giuocato il tutto e per tutto in uno scontro che poteva determinare la fine della sua carriera; lo stesso fece Putin con la guerra in Cecenia, dove il neo Presidente avrebbe dato prova di sé in modo determinante per il suo futuro politico.

La loro *leadership* è necessariamente di tipo diverso: se Cesare visse in un'epoca in cui vigeva ancora un modello di comando militare di tipo "eroico", in cui il comandante si doveva in qualche modo esporre in prima linea, dando l'esempio ai suoi uomini e facendosi soldato tra i soldati, Putin nacque in un mondo in cui, come scrisse efficacemente John Keegan, «il generale, un termine già in sé pregno di ambiguità, può essere infatti molto più che il comandante di un esercito. Può essere re o sacerdote, o entrambe le cose, come Alessandro Magno. Può essere un diplomatico: ciascuno a modo suo, Marlborough e

Eisenhower eccellevano nell'arte della conciliazione non meno che nella strategia. (...) La figura del generale, pertanto, comprende aspetti che vanno ben oltre il comando di armate sul campo. (...) Un generale dotato di un carattere forte e capace di un comportamento efficace può portare sia la società sia l'esercito oltre il punto in cui credevano di voler andare. Alla fine però anche lui, e persino un generale che governi e comandi allo stesso tempo come Alessandro, finirà per agire da uomo del suo tempo e secondo le usanze del suo Paese»[227].

Difatti, dall'epoca di Cesare a quella di Putin si è trapassati da un concetto di "guerra eroica", in cui il *leader* doveva scendere in campo per dare il buon esempio ai propri uomini, ad un'epoca che richiede al comandante compiti sempre più complessi e articolati. Riassume infatti Keegan: «il *leader* che si è legittimato come eroe agitando lo spettro del rischio, non riesce più ad allontanarlo dai suoi seguaci grazie al particolare ruolo che si assume. (...) I mezzi tradizionali con cui il *leader* cercava di giustificare l'esposizione dei suoi uomini al pericolo verso cui lui stesso li guidava – coltivare il senso dell'affinità, ricorrere alla sanzione, alla forza dell'esempio, al potere della parola, e infine agire – oggi vengono tutti meno. Anzi, la prima cosa che è richiesta a un *leader*, nel mondo della minaccia nucleare, è proprio di non muoversi affatto nel senso tradizionalmente eroico del termine. Un leader inoperoso, che non a nulla, non impressiona con il suo esempio, non dice nulla di esaltante, non ricompensa né punisce, e che soprattutto si vuole distinguere dalla massa solo per la sua modestia, la sua prudenza, la sua razionalità, può apparire come la negazione della leadership. Ma è questo il tipo di leader di cui il mondo nucleare ha bisogno, anche se ancora non lo sa»[228]. È però questo un ritratto che non si adatta bene a Putin: pronto a comparire a sorpresa sul fronte, passando in rassegna i suoi soldati, deciso a

---

<227> J. KEEGAN, *La maschera del comando*, Net, Milano 2006, p. 12.
<228> KEEGAN, *La maschera del comando*, cit., pp. 360-361.

galvanizzare i Russi con frequenti discorsi in presenza e via televisione, rimuovendo o promuovendo sul campo diversi ufficiali e funzionari, egli appare più vicino ad un Cesare che non ad uno dei moderni presidenti della democrazia occidentale.

Gli Anglosassoni hanno spesso – ma molto impropriamente, talvolta – accostato le figure di Cesare e di Putin. Nel 2022, a conflitto in Ucraina iniziato, il senatore Lindsey Graham ha invocato per Putin nientemeno che un assassinio da parte di uno dei suoi fedelissimi, richiamando esplicitamente il personaggio di Bruto del dramma *Giulio Cesare*, di shakespeariana memoria. Era una citazione colta quanto si vuole, ma ingenua, atta solo a favorire il sensazionalismo.

Più interessante, ma forse ugualmente controverso, è il confronto operato fra Cesare e Putin sul piano militare. Benjamin E. Mainardi, analista presso il Centro di Strategia Marittima, laureatosi presso il King's College di Londra e storico militare azzarda un paragone fra le campagne di Cesare e l'operazione speciale di Putin in Ucraina: «Forse nessuna figura storica occidentale è così sottoutilizzata nell'analisi storica applicata contemporanea come Gaio Giulio Cesare[229]. Tra le figure storiche più famose di tutti i tempi, la sua vita e le sue opere sono state per migliaia di anni pilastri del canone politico e strategico dell'Occidente».

Sia nelle guerre galliche che nella guerra civile, prosegue Mainardi, Cesare tentò di raggiungere degli obiettivi che includessero non solo la cessazione del conflitto armato, ma anche l'istituzione di un ordine civile dopo la guerra pur utilizzando metodi di natura radicalmente diversa: mentre Cesare perseguiva dure punizioni contro e la sottomissione dei popoli gallici, al limite del genocidio, operò nella guerra civile esattamente in modo opposto. In gran parte, le strategie divergenti di Cesare possono essere spiegate dal contrasto con

---

[229] B.E. MAINARDI, *A Tale of Two Caesars: Contemporary Lessons from Divergent Caesarian Strategies*, «Military Strategy Magazine», Vol. 8, I 2, 2022, pp. 31-36.

chi stava combattendo.

«I Galli», continua Mainardi «erano un popolo straniero che viveva in società indipendenti. La condotta implacabile di Cesare durante la guerra cercò di spezzare non solo la capacità militare di questi gruppi, ma anche la volontà sociale dei popoli gallici di resistere al giogo romano. Per cui la sua brutalità è servita allo scopo. Al contrario, la guerra civile fu condotta contro concittadini romani che condividevano gran parte delle stesse norme ed esperienze istituzionali dello stesso Cesare. (...) Se la clemenza di Cesare nella guerra civile sia stata motivata da genuina umanità o da calcoli cinici, come è fortemente contestato dagli storici, non è necessariamente importante per il valore della strategia come mezzo per raggiungere i suoi fini politici».

Fin qui l'analisi è ineccepibile. Tuttavia, procedendo a confrontare il *modus operandi* cesariano con quello putiniano, Mainardi osserva: «Più di duemila anni dopo, un altro aspirante conquistatore ha intrapreso la prima grande guerra convenzionale che l'Europa ha visto da decenni». Egli considera le operazioni militari in Ucraina come il culmine di un crescendo costante di quasi trent'anni di una sorta di «irredentismo russo», nato dal crollo dell'Unione Sovietica. «La condotta della guerra, tuttavia», continua «è notevole per molte ragioni, ma in particolare nel suo riflesso di entrambi i conflitti per eccellenza di Cesare», alludendo sia alla Guerra Gallica sia alla Guerra Civile.

Mainardi tratteggia un quadro del conflitto russo-ucraino piuttosto semplicistico, che risponde alla non sempre obiettiva narrazione ad uso e consumo del pubblico occidentale, poco avvezzo alle complesse dinamiche dell'Europa dell'Est. «Con Le prime fasi dell'invasione della Russia», dice infatti, dimenticando il quadro più attendibile tratteggiato dal generale Mini e da noi ricordato nel capitolo *"Le guerre"* «sembravano mirate a una rapida vittoria, apparentemente sottolineando la cattura di Kiev insieme a un tentativo di colpo di Stato. Forse informato dal suo successo relativamente incruento e popolare nell'annessione della Crimea, il Cremlino potrebbe aver creduto che se il governo ucraino fosse stato rovesciato rapidamente, le truppe russe avrebbero potuto entrare come forza dell'ordine accolta favorevolmente dal popolo ucraino. (…) Prima della guerra, il manifesto di Putin del 2021, *Sull'unità storica di Russi e Ucraini*, segnalava la sua coltivazione di una narrativa che poneva le basi per l'unificazione russo-ucraina attraverso una versione stilizzata della connessione delle storie e delle identità di entrambe le nazioni. Il fallimento di un presunto colpo di stato e la rapida cattura di Kiev, tuttavia, ha lasciato il governo ucraino al potere e ha rafforzato la sua resistenza. Pertanto, piuttosto che portare gli ucraini nell'ovile russo, l'invasione ha galvanizzato il rinnovato nazionalismo ucraino».

Come abbiamo in realtà visto, le cose sono molto più complicate, a partire dagli antefatti al conflitto. Ma spingendo per un confronto Cesare/Putin, Mainardi prosegue: «Sulla scia del crollo di un possibile *modus operandi* di riunificazione semi-pacifica, il Cremlino sembra rimodellare la propria narrativa in tre parti - sorprendentemente simile a quella della narrativa tripartita di Cesare che giustifica le guerre galliche - di contrastare l'invasione occidentale della sicurezza nazionale della Russia interessi, liberando il popolo ucraino conducendo la denazificazione dell'Ucraina e facendo rivivere il "prestigio della Russia storica". Questa narrazione indica implicitamente uno spostamento dell'audience dal popolo ucraino e verso il pubblico russo, proprio come il corrispondente strategico di Cesare narrazioni alterate in base al nemico interno contro straniero delle sue guerre. Così anche allora, la condotta delle forze russe sembra essere sempre più brutale poiché la percezione degli ucraini all'interno della narrativa strategica russa è cambiata».

Va reso merito a Mainardi di avere fatto un paragone molto interessante, ma obbiamo constatare, verso la fine della sua analisi, un appiattimento verso quella che è considerata oramai la vulgata ufficiale, e bisogna tenere inoltre conto che i primi due conflitti gallici di Cesare non erano certo mossi da una fantomatica "ambizione" shakespeariana dell'allora proconsole, ma da due concrete minacce, ovvero la migrazione di massa degli Elvezi sul suolo gallico ed il consolidarsi del minaccioso dominio dei Germani di Ariovisto al di qua del Reno. Va poi rilevato che la clemenza cesariana nel conflitto civile era a senso unico e non applicabile a qualsiasi "guerra fra cittadini romani", poiché i cosiddetti repubblicani si macchiarono di quelli che oggi non esiteremmo a definire crimini di guerra, come ad esempio fece Bibulo con i prigionieri cesariani catturati nell'Adriatico e fatti affogare senza tanti complimenti. Fare paragoni con la situazione *in fieri* in Ucraina è quantomeno azzardato e comunque fuorviante: occorrerebbe avere una conoscenza di prima mano della situazione di età cesariana che ci è parzialmente preclusa dal naufragio di molti testi, tra cui le *Efemeridi* dello stesso Cesare, i cui suggestivi frammenti abbiamo pubblicato di recente. È anche lecito domandarsi con quanta obiettività (*sine ira ac studio*, direbbe Tacito) possiamo sperare di parlare dei recentissimi eventi in Ucraina, quando il solo rievocare, per esempio, il nome di Mussolini provoca un vespaio (la prova ne sono i vari libercoli al vetriolo che periodicamente compaiono sugli scaffali delle librerie): eppure sono passati quasi 80 anni dalla sua morte! Forse, allora, ha ragione Canfora, quando sostiene: «Possiamo dunque concludere che davvero ogni storia è sempre contemporanea, perlomeno finché non possiamo liberarcene. Finora ci siamo liberati non più che della storia degli Ittiti; ma forse, a ben riflettere, neanche di quella»[230]. La cosa più saggia sarebbe limitare il confronto – come abbiamo fatto in questa sede – con conflitti già conclusi ed analizzabili in tutti i loro aspetti e, per quanto riguarda l'Ucraina, concentrarsi sulle varie (e complesse) concause che ne hanno favorito la genesi. Il resto sono solo congetture, che lasciano il tempo che trovano.

Sarebbe interessante sapere cosa Vladimir Putin pensi di

---

[230] CANFORA, *Noi e gli antichi*, cit., p. 8.

Cesare, che giudizio storico ne dà. Sebbene sia un vorace lettore (e non solo di classici della letteratura russa), non si è mai pubblicizzata una sua conoscenza del *De bello Gallico* e degli altri scritti cesariani, conoscenza che deve pure esserci, e neanche tanto superficiale: è estremamente difficile che il Presidente della Federazione Russa non abbia ripercorso, nelle sue letture e nei suoi studi, le gesta del Dittatore Perpetuo, meditandone la lezione storica, politica, morale e letteraria. Cosa ne abbia ricavato, al di là dell'ammirazione per lo statista romano, non ci è però dato sapere, a meno che non si voglia vedere nel cosiddetto "putinismo" una continuazione più o meno diretta del "cesarismo" (inteso come ideologia totalitarista e di gestione assoluta del potere), già riproposto a suo tempo da Napoleone.

*
* *

Infine, non possiamo passare sotto silenzio un argomento che sta prendendo sempre più piede su internet: l'innegabile somiglianza fisica tra Cesare e Putin, somiglianza oggettivamente riscontrabile in base ai ritratti antichi giunti sino a noi. Vi è chi ha parlato di fisiognomica lombrosiana, insistendo che statisti e uomini di potere volitivi assumono necessariamente aspetti simili. C'è stato poi che ha visto in Putin un discendente biologico di Cesare (che però non ebbe altri figli ufficiali se non Giulia, da Cornelia, e Cesarione, da Cleopatra, entrambi morti in giovane età). Vi è, infine, chi ha parlato di reincarnazione.

Non intendiamo sorridere a priori di tale credenza: vi sono milioni di esseri umani, in tutto il pianeta, che vi credono con convinzione, e la nostra stessa civiltà occidentale ne ha professato a lungo la veridicità (Orfici e Pitagorici in testa). Dal punto di vista squisitamente scientifico, non è possibile non accennare, sia pure brevemente, agli studi del professor Ian Stevenson.

Ian Stevenson (1918-2007), professore di psichiatria

presso l'Università della Virginia, si dedicò per diversi anni allo studio di bambini che spontaneamente presentavano ricordi di quelle che sembravano essere vite precedenti. In qualità di psichiatra, Stevenson cercava di comprendere il perché di certe paure e fobie, o anche di certi talenti innati riscontrabili spesso nei bambini piccoli; voleva inoltre spiegarsi il motivo delle simpatie e antipatie che a volte i piccoli dimostrano fin dalla più tenera età.

Studiando questi aspetti, Stevenson si rese conto che i bambini, oltre a mostrare fobie o attitudini particolari, a volte ricordavano cose che non avrebbero dovuto sapere: parlavano di vicende di vita diverse da quelle contemporanee e soprattutto di episodi di morte (presumibilmente riferibili a vite precedenti), che sembravano spiegare e giustificare proprio quelle paure e quelle fobie.

In Ian Stevenson, che professava la religione protestante, l'interesse per la reincarnazione nacque gradualmente, nel corso degli anni: gradualmente si rese conto che questo tipo di credenza, questa concezione della vita, per così dire, più "allargata", poteva offrire spiegazioni plausibili a situazioni apparentemente enigmatiche ed inspiegabili. Una volta convintosi di questa possibilità, Ian Stevenson cominciò a viaggiare per il mondo proprio alla ricerca di bambini, i cui ricordi potevano essere, in questo senso, rivelatori. Ne incontrò e studiò a centinaia, sia nei Paesi che, tradizionalmente, credono alla reincarnazione, come l'India, sia in quelli che non la contemplavano fra le proprie convinzioni culturali.

Per le sue accuratissime indagini, Stevenson mise a punto una tecnica decisamente meticolosa: parlava con i bambini, ne interrogava i familiari, i parenti ed i vicini, analizzava i ricordi, li metteva in relazione con le situazioni reali, faceva sopralluoghi nei posti che i piccoli dicevano di ricordare e organizzava incontri con le persone che i bambini affermavano di avere conosciuto durante la vita precedente.

I riscontri erano spesso stupefacenti: si testimoniò di

bambini di pochi anni che riconoscevano con precisione delle persone che non avevano mai visto prima, le chiamavano per il nome corretto, discutevano con loro di eventi passati, si muovevano con disinvoltura in case e città dove non erano mai andati in precedenza; a volte, addirittura, mostravano di conoscere delle lingue straniere che non erano state loro mai insegnate (anche perché molto piccoli) e che non avevano neppure mai sentito, né in famiglia né in altri luoghi.

Stevenson scrisse molti saggi intorno alla casistica raccolta: il suo libro più importante, oramai un classico in materia, è *Reincarnazione. Venti casi a sostegno*, pubblicato in Italia da Armenia Editrice.

Ma le sue indagini sulla reincarnazione non si fermano qui: esistono infatti altri elementi riguardanti questo fenomeno, che mettono in luce aspetti a dir poco sorprendenti: certi bambini, infatti, nascevano avendo sul corpo segni inspiegabili, come cicatrici lasciate da ferite mai ricevute o presentando anomalie fisiche, di cui i medici non riescono a individuare l'origine. E appena iniziavano a parlare, questi bambini sostenevano di essere morti di morte violenta, che erano in grado di descrivere nei dettagli e che spiegavano quelle cicatrici.

C'è per esempio il caso di Jacinta Agbo, una bambina nigeriana, che alla nascita (nel 1980) presentava sulla nuca una strana, lunghissima cicatrice. Quando fu in grado di parlare, Jacinta descrisse una situazione che spiegava quella ferita: parlò di un uomo di nome Nsude che durante una lite era stato pesantemente ferito alla testa. Portato all'ospedale di Enugu, era stato operato e il chirurgo gli aveva praticato una lunga incisione sulla nuca. In seguito tuttavia l'uomo era morto. Questi fatti erano avvenuti nel 1970 e Stevenson ebbe modo di controllarli e di verificarne l'autenticità.

La teoria della reincarnazione sarebbe dunque in grado di spiegare alcune alterazioni della pelle, come le voglie, nonché altri più gravi difetti che alcuni individui presentano alla nascita. Stevenson, al fine di suffragare la teoria della reincarnazione con prove scientifiche, ha analizzato nel dettaglio centododici casi di persone, soprattutto bambini, che presentano segni sul corpo attribuibili ad eventi traumatici risalenti ad esistenze precedenti, di cui essi stessi hanno infatti memoria: incisioni chirurgiche, pugnalate, ferite d'arma da fuoco, morsi di serpente e persino tatuaggi.

Referti medici e autoptici, esame dei segni sui corpi, materiale fotografico, riscontri in loco delle dichiarazioni dei soggetti studiati, studio comparato del comportamento, della postura, dei tic, nonché interviste con familiari e conoscenti, rappresentano l'ampia documentazione che il medico ha raccolto per ogni caso, durante un ventennio dedicato allo studio serio e appassionato di questo fenomeno. La vasta casistica, l'approccio rigorosamente scientifico e critico, la cautela con la quale Stevenson azzarda delle conclusioni, convincono anche gli scettici ad assumere una posizione più "possibilista", non escludendo "aprioristicamente" una teoria che affascina e sconvolge le salde certezze del pensiero occidentale.

Più scettico si dimostra Stevenson sulla possibilità di ottenere conferme sulla reincarnazione dei "Grandi" del passato. Un caso emblematico è quello del defunto Presidente degli Stati Uniti, John Fitzgerald Kennedy«Durante il tempo passato a condurre delle ricerche in Turchia, Resat Bayer ed io rinvenimmo ben tre bambini Alevidi che si riteneva fossero la reincarnazione del Presidente americano John G. Kennedy. Il padre di uno dei tre bambini, Mehmet Alkan, aveva sognato il Presidente poche ore prima della nascita del figlio (nel novembre del 1965), che aveva poi chiamato "Kenedi" (conferendo al nome una pronuncia turca). Nel novembre del 1967, Resat Bayer ed io incontrammo Kenedi, quando il bambino aveva solo due anni, ed il padre ci disse che il suo precoce figliolo asseriva di essere la reincarnazione del Presidente degli Stati Uniti. Sono certo che Mehmet Alkan fosse inconsapevole del fatto che stava imponendo a suo figlio un'altra identità; non si trattava quindi di una truffa ance se, sia lui che Kenedi, ottennero una certa fama nel villaggio in cui vivevano (...). Ma la vicenda ebbe anche un seguito. Nel 1985, Can Polat venne a conoscenza del caso di Kenedi Alkan e volle incontrare il ragazzo che, all'epoca, aveva circa vent'anni. Nkenedi credeva ancora fermamente di essere la reincarnazione del Presidente americano. Affermò di ricordarsi perfettamente alcuni dettagli della vita di Kennedy come, ad esempio, il fatto che era stato sposato, che era ricco e che aveva avuto due figli. Allo studioso, mostrò anche un segno di nascita – situato sul suo torace, e quindi proprio nel posto più sbagliato per dimostrare la sua tesi. Casi di questo tipo, sono piuttosto insoliti per ciò che riguarda la mia personale esperienza e ritengo che sia decisamente facile smascherarli»[231].

Né Putin stesso, né alcuno del suo *entourage* o dei suoi sostenitori ha mai affermato che il Presidente della Federazione Russa sia la reincarnazione di Caio Giulio Cesare, o si è mai sognato di farlo. A parlarne e a lanciarne l'idea sul web sono stati, con intenti diversi, o detrattori di Putin, a scopo sarcastico/denigratorio, oppure ammiratori entusiasti di Cesare, che vedono in Putin un suo interessante epigono. Bisogna rendersi conto di ciò, prima di porsi la questione.

Detto ciò, se appare chiaro che la reincarnazione, dal punto di vista scientifico, è empiricamente possibile e, in limitati casi, anche verificabile, invidiamo la sicurezza di chi addita in Putin la nuova nascita di Cesare: di certo egli ne ha assimilato la lezione e, avendo avuto – come abbiamo visto nel corso di questo libro – vicissitudini e problematiche da affrontare molto simili, vi ha dato risposte spesso molto vicine a quelle espresse a suo tempo dal conquistatore delle Gallie. Se con ciò vogliamo vedervi una "reincarnazione", perlomeno a livello ideologico-politico, ebbene, allora possiamo affermare che sussiste un filo diretto fra le due figure. Altre considerazioni, le lasciamo alla

---

[231] I. STEVENSON, *Bambini che ricordano altre vite*, Mediterranee, Roma 1991, p. 158; sulle modalità dell'assassinio di Kennedy si veda G. PERRET, *Kennedy*, San Paolo Editrice, Milano 2001, pp. 434-439.

sensibilità ed alle convinzioni personali di ciascuno, al riparo inviolabile della propria coscienza.

Bibliografia

R. AGAZZI, *Giulio Cesare stratega in Gallia*, Iuculano, Pavia 2006

R. ALLULLI, *Giulio Cesare*, Paravia, Torino 1926

A. ANGELA, *Cleopatra*, Rai Libri/Harper Collins, Roma-Milano 2018

G. ANTONELLI, *Giulio Cesare*, Newton Compton, Roma 2007

APPIANO, *Storia Romana. Le Guerre Esterne* (2 voll.), volgarizzate da M. Mastrofini, Vincenzo Poggioli, Roma 1824

– *Storia Romana. Le Guerre Civili*, a cura di E. Gabba e D. Magnino, Utet, Torino 2001

A. BAILLY, *Giulio Cesare*, Bemporad, Firenze 1933

BEDA IL VENERABILE, *Storia Ecclesiastica degli Angli*, a cura di G. Simonetti Abbolito, Città Nuova, Roma 1999

L. BESSONE, R. SCUDERI, *Manuale di storia romana*, Monduzzi Editore, Bologna 1999[2]

J. BRAMBACH, *Cleopatra*, Salerno Editrice, Roma 1997

G. BRECCIA, A. FREDIANI, *Le guerre della Russia*, Newton Compton, Roma 2022

G. BRIZZI, *Caio Giulio Cesare: profilo di un grande comandante*, in G. GENTILI (a cura di), *Giulio Cesare. L'uomo, le imprese, il mito*, Silvana Editoriale, Cinisello Balsamo (Milano) 2008

L. CANFORA, *Giulio Cesare. Il dittatore democratico*, Laterza, Roma-Bari 1999

– *Noi e gli antichi*, Rizzoli, Milano 2021[9]

– *La biblioteca scomparsa*, Sellerio, Palermo 1986

J. CARCOPINO, *Giulio Cesare*, Bompiani, Milano 2001[2]

– *Profili di conquistatori*, Fògola Editore, Torino 1978

F. CARDINI, F. MINI, *Ucraina. La guerra e la storia*, PaperFirst, Roma 2022

L. CASTIGLIONI, S. MARIOTTI, *Vocabolario della lingua latina*, Loescher Editore, Torino 1990

CESARE, *Opere minori, frammentarie e inedite*, a cura di A. Schiavon, F. Reggio, M. Rizzotto, G. Petruzzelli, Primiceri, Padova 2022

– *La Guerra Gallica*, introduzione e note di E. Barelli, traduzione di F. Brindisi, Rizzoli, Milano 2000

(PSEUDO) CESARE, *La lunga Guerra Civile* (*Bellum Alexandrinum, Bellum Africum, Bellum Hispaniense*), a cura di L. Loreto, Rizzoli, Milano 2001

G. CHIESA, *Putinfobia*, Piemme, Milano 2022[2]

CICERONE, *Lettere* (10 voll.), traduzione di A. Cesari, presso A.F. Stella & Figli, Milano 1826-1831

- *Lettere ad Attico* (2 voll.), a cura di C. Di Spigno, Utet, Torino 2005[2]

- *Lettere a Marco Bruto; Lettere al fratello Quinto; I frammenti delle lettere; Lettere ad Ottaviano*, a cura di L. Lenaz, Mondadori, Milano 1980

D. CINTI, *Giulio Cesare*, Sonzogno, Milano 1935

A. COSTANTINI, *Le astronavi di Cesare*, Gilgamesh Edizioni, Asola (Mantova) 2017

S. DANDO-COLLINS, *La Legione di Cesare: le imprese e la storia della Decima Legione dell'esercito romano*, Giunti, Firenze-Milano 2015

DIONE CASSIO, *Istorie Romane* (5 voll.), tradotte da G. Viviani, Sonzogno, Milano 1823

- *Storia romana* (8 voll.), a cura di G. Norcio e altri, Rizzoli, Milano 1995-2009

C. FAYER, *La* familia *romana. Aspetti giuridici ed antiquari. Sponsalia. Matrimonio. Dote*, L'Erma di Bretschneider, Roma 2005

A. FERRABINO, *Cesare*, Orsa Maggiore Editrice, Torriana (Foggia) 1990

L. FEZZI, *Pompeo*, Salerno Editrice, Roma 2019

G. FLAUBERT, *Salammbô*, Giunti, Firenze 2005

G. FORZANO, *Mussolini autore drammatico. Campo di Maggio. Villafranca. Cesare*, G. Barbera Editore, Firenze 1954

A. FREDIANI, *Le grandi battaglie di Giulio Cesare*, Newton Compton, Roma 2007[2]

GAIO, *Istituzioni* (2 voll.), da "Instituzioni di Gajus Commentarj Quattro", a cura di G. Tedeschi, Libreria alla Minerva Editrice, Verona 1857

A. GARZETTI, *M. Licinio Crasso. L'uomo e il politico*, «Athenaeum», 29, 1941, pp. 1-37; 30, 1942, pp. 12-40; 32/33, 1944-1945, pp. 1-62

(AULO) GELLIO, *Notti Attiche* (2 voll.), a cura di L. Rusca, Rizzoli, Milano 1997

M. GELZER, *Caesar. Politician and Statesman*, Harvard University Press, Harvard 1968

M. GEORGE, *Io, Cleopatra* (3 voll.), Sperling & Kupfer, Milano 1998

M. GESSEN, *Putin. L'uomo senza volto*, Bompiani, Milano 2012

L. GIANOTTI, *Putin e la Russia*, Editori Riuniti, Roma 2014

A. GIULI, *Putin, la Terza Roma e l'imperialismo necessario*, «Tempi», 30/09/2017

GIUSEPPE FLAVIO, *Antichità Giudaiche* (2 voll.), a cura di L. Moraldi, Utet,

Torino 2006

GIUSTINIANO IMPERATORE, *Digesta seu Pandectae* (2 voll.), a cura di S. Schipani, Giuffrè, Milano 2005

- *Digesto*, vol. VI, a cura di G. Vignali, Corpo del Diritto, Achille Morelli Editore, Napoli 1859

A. GOLDSWORTHY, *Cesare: una biografia*, Castelvecchi, Roma 2014

N. GORESLAVSKAYA, *Putin, storia di un leader*, Edizioni del Borghese, Roma 2015

T. HOLLAND, *Rubicone. Trionfo e tragedia della Repubblica Romana*, Il Saggiatore, Milano 2006

E. HORST, *Cesare*, Rizzoli, Milano 1982

I. ISENBERG, *Giulio Cesare*, Mondadori, Milano 1965

A. JAL, *La flotte de César*, Firmin Didot Frères, Paris 1861

M. JELUSICH, *Caesar*, Bompiani, Milano 1934

C. JULLIAN, *Histoire de la Gaule* (7 voll.), Libraire Hachette, Paris 1908-1926

A. KEAVENEY, *Silla*, Bompiani, Milano 1985

J. KEEGAN, *La maschera del comando*, Net, Milano 2006

M.A. LEVI, *Bogud*, Istituto dell'Enciclopedia Italiana, Treccani, Roma 1930

P. LIVERANI, *Cleopatra a Roma*, in G. GENTILI (a cura di), *Cleopatra. Roma e l'incantesimo dell'Egitto*, Skira, Milano 2013, pp. 45-49

N. LILIN, *Putin, l'ultimo Zar. Da San Pietroburgo all'Ucraina*, Piemme, Milano 2022

E. LUDWIG, *Cléopâtre*, Librairie Plon, Paris 1974

MACROBIO, *I Saturnali*, a cura di N. Marinone, Utet, Torino 1997[2]

M. MAFFII, *Cleopatra contro Roma*, Giunti Martello, Firenze 1985

B.E. MAINARDI, *A Tale of Two Caesars: Contemporary Lessons from Divergent Caesarian Strategies*, «Military Strategy Magazine», Vol. 8, I 2, 2022, pp. 31-36

A. MAYOR, *Il re Veleno. Vita e leggenda di Mitridate, acerrimo nemico di Roma*, Einaudi, Torino 2010

C. MCCULLOUGH, *Le donne di Cesare*, Rizzoli, Milano 1996

- *Cesare. Il genio e la passione*, Rizzoli, Milano 1998,

C. MEIER, *Giulio Cesare*, Garzanti, Milano 1993

T. MOMMSEN, *Storia di Roma* (8 voll.), Dall'Oglio, Milano 1963-1966

NAPOLEONE I, *Le guerre di Cesare*, Salerno Editrice, Roma 1999

NAPOLEONE III, *Storia di Giulio Cesare* (4 voll.), Aequa, Roma 1937

M. Natalizi, *Il burattinaio dell'ultimo Zar. Grigorij Rasputin*, Salerno Editrice, Roma 2016

J. Negrete, *La Regina del Nilo*, I, *L'amante dell'imperatore*, Newton Compton, Roma 2013

Orosio, *Le Storie contro i pagani* (2 voll.), a cura di A. Lippold, Fondazione Lorenzo Valla/Arnoldo Mondadori, Milano 1998

P. Di Paolo, *Montanelli. Vita inquieta di un anti-monumento*, Mondadori, Milano 2021

G. Pansa, *La guerra sporca dei partigiani e dei fascisti*, Rizzoli, Milano 2012

G. Perret, *Kennedy*, San Paolo Editrice, Milano 2001

Platov non ha paura, in *Il caso Putin*, «Limes», 4/2022, p. 17

Plinio il Vecchio, *Storia naturale* (5 voll.), edizione diretta da G.B. Conte con la collaborazione di A. Barchiesi e G. Ranucci, Einaudi, Torino 1982-1988

Plutarco, *Vite parallele – Alessandro e Cesare*, introduzione, traduzione e note di D. Magnino, Rizzoli, Milano 1999[13]

– *Le vite degli uomini illustri* (7 voll.), versione italiana di G. Pompei, Sonzogno, Paolo Andrea Molina, Milano 1824-1831

– *Le vite parallele* (4 voll.), tradotte da M. Adriani, Adriano Salani Editore, Firenze 1931

- *Tutti i Moralia*, a cura di E. Lelli e G. Pisani, Bompiani, Milano 2017

Polieno, *Gli Stratagemmi*, tradotti da L. Carani, Sonzogno, Milano 1821

D. Raineri, *Attentato contro i Dugin*, «La Repubblica», 22/08/2022, pp. 2-3

M. Rambaud, *L'art de la déformation historique dans les Commentaires de César*, Les Belles Lettres, Paris 2011[4]

T. Rice Holmes, *The Roman Republic and the Founder of the Empire*, III, Clarendon Press, Oxford 1923

- *Ancient Britain and the Invasions of Julius Caesar*, Clarendon Press, Oxford 1907

G. Rocca, *Stalin, quel "meraviglioso Georgiano"*, Mondadori, Milano, 1988

L. Ross Taylor, *The Rise of Julius Caesar*, «Greece and Rome», 4, 1957, pp. 10-18

G. Rovani, *La giovinezza di Giulio Cesare*, Messaggerie Pontremolesi, Pontremoli (Massa Carrara) 1985

J.S. Rusten, *Dionysius Scytobrachion*, Westdeutscher Verlag, Opladen 1982

F. SAMPOLI, *Marc'Antonio, l'antagonista di Ottaviano*, Newton Compton, Roma 1989

R. SANDIFORD, *Le azioni di Cesare sul mare*, «Quaderni Augustei», 12, Istituto di Studi Romani, Roma 1938

G. SANGIULIANO, *Putin. Vita di uno Zar* Mondadori, Milano 2022

A. SCHIAVONE, *Spartaco. Le armi e l'uomo*, Einaudi, Torino 2016²

N. SEKUNDA, *The Ptolemaic Army under Ptolemy VI Philometor*, Montvert Publications, Stockport 1995

A. SPINOSA, *Cesare, il grande giocatore*, Mondadori, Milano 1986

– *Cleopatra. La regina che ingannò se stessa*, Mondadori, Milano 2017

I. STEVENSON, *Bambini che ricordano altre vite*, Mediterranee, Roma 1991

- *Reincarnazione. 20 casi a sostegno*, Armenia Editrice, Cornaredo (Milano) 2005

E. STOFFEL, *Histoire de Jules César: Guerre Civile*, (2 voll.), Imprimerie Nationale, Paris 1887

SVETONIO, *Vita dei Cesari*, introduzione di L. De Salvo, traduzioni di F. Casorati, D. Medici, R. Pagan, C. Valerio, Newton Compton, Roma 1995

– *I dodici Cesari; Gli uomini illustri*, a cura di F. Dessì, Rizzoli, Milano 1968

TACITO, *La Vita di Agricola, La Germania*, a cura di L. Lenaz e di B. Ceva, Rizzoli, Milano 2000

H. THÜR, *The Processional Way in Ephesos as a Place of Cult and Burial*, in «Harvard Theological Studies», 41, 2004, pp. 157-187

S. VALZANIA, *La sconfitta di Farsalo*, Salerno Editrice, Roma 2018

- *L'arte del comando. Alessandro Magno, Giulio Cesare e Napoleone*, Newton Compton, Roma 2015

VIRGILIO, *Bucoliche*, intr. di A. La Penna, trad. e note di L. Canali, premessa al testo di S. Pennacchietti, Rizzoli, Milano 1978

G. WALTER, *César*, Albin Michel, Paris 1947

A. WEIGALL, *Cleopatra*, Edizioni del Borghese, Milano 1963

O. WERTHEIMER, *Cleopatra*, Mondadori, Milano 1934

G. ZECCHINI, *Gli scritti giovanili di Cesare e la censura di Augusto*, in *La cultura di Cesare*, I, atti del Convegno internazionale di studi, Macerata-Matelica, 30 aprile-4 maggio 1990, Roma 1993, pp. 191-205

O. ZOPPI, *Note ai Commentarii de Bello Gallico* (2 voll.), in "C. Giulio Cesare, *La Guerra Gallica*", tradotta e commentata da F. Arnaldi, con note militari del generale O. Zoppi, Edizioni Roma, Roma 1939

SOMMARIO